世界広布の旭日

創価の誉れの大道

創価学会青年部 編

第三文明社

はじめに

２０２０年（令和２年）、創価学会は創立90周年、池田大作先生の第３代会長就任《しゅうにん》60周年の佳節を迎えました。池田先生の指揮のもと、学会は、「三類の敵《てき》人《じん》を顕《あらわ》さずんば法華経の行者に非《あら》ず之《これ》を顕すは法華経の行者なり」（御書４４１ページ）との御金言通りに競《きそ》い起こった「三類の強敵《ごうてき》」に打ち勝ち、世界宗教へと飛躍しました。

２０２０年の年頭から「創価新報」紙上で始まった連載が、「世界広布の旭日――創価の誉《ほま》れの大道」です。谷川佳樹《よしき》主任副会長へのインタビューを通し、学会の正義の闘争史を振り返る内容で、主に「第２次宗門《しゅうもん》事件」以降の出来事を取り上げています。当時を知らない若い世代も増えてきており、今こそ青年部が学ぶべき歴史と、継承《けいしょう》すべき学会精神について伺《うかが》いました。幸《さいわ》い、読者からも多く反響《はんきょう》が寄せられ好評を博《はく》しました。

このたび、連載全12回の内容に加え、小説『新・人間革命』の指導をテーマ別に抜粋《ばっすい》した「破邪顕正《はじゃけんせい》の魂《たましい》を継承」（「創価新報」連載）も一部収録し、書籍化の運びとなりました。本書の刊行に際して、ご尽力いただいたすべての方に、心から感謝いたします。

池田先生は、「邪義《じゃぎ》を破《やぶ》ってこそ、正義を打ち立てることができる。この御本仏に直結する『破邪顕正』の大精神を、青年は燃え上がらせることだ」とつづられました。

このご指導のままに、学会創立100周年へ〝勝負の10年〟の初陣となる本年、青年部が正義の言論戦の先頭に立ち、前進していく決意です。

2021年（令和3年）2月

創価学会青年部

世界広布の旭日　創価の誉れの大道

目次

破邪顕正の魂を継承

凡例

一、本書は、「創価新報」（聖教新聞社）連載の「世界広布の旭日　創価の誉れの大道」「破邪顕正の魂を継承」（二〇二〇年一月号～十二月号）を加筆修正の上、再構成・収録したものです。

一、『新編　日蓮大聖人御書全集』（創価学会版、第二七五刷）からの引用は、（御書ページ数）で示し、本文中に御書の表記がある場合は（ページ数）で示しました。

一、『妙法蓮華経並開結』（創価学会版、第二刷）からの引用は、（法華経ページ数）で示しました。

一、御書、法華経以外で用いられる（　）は、研鑽にあたり必要と思われる西暦や年号、用語等に施した編者注です。

装幀・本文デザイン／有限会社サンユウシステム
平柳豊彦・平柳直彦
写真提供／聖教新聞社、時事通信社

第2次宗門事件㊤

民衆の幸福に尽くす青春を

――谷川主任副会長が男子部長に就任《しゅうにん》したのは1990年（平成2年）3月。第2次宗門《しゅうもん》事件が勃発《ぼっぱつ》した年でしたが、この事件の本質とは何でしょうか？

男子部長の大任を拝《はい》した時、池田先生は次のように指導してくださいました。

「青年とは〝戦い〟の異名《いみょう》である。捨て身の戦いなくして、青年部の〝魂《たましい》〟はない。口ではない。格好《かっこう》でもない。要領《ようりょう》でもない。『信心』である。広宣流布の全責任を自覚して、すべてを祈り、立案《りつあん》し、一切を行動で切り開いていく。それが青年部の伝統であり、学会精神である」と。

これは、まさしく池田先生の青年部時代の戦いそのもので、後継《こうけい》の弟子として、この指針を命に刻《きざ》んで戦う中、「第2次宗門事件」が勃発しました。

「第2次宗門事件」の背景には「第1次宗門事件」があります。

戦後、困窮《こんきゅう》を極《きわ》めていた宗門は、学会によって広宣流布が伸展《しんてん》すると、各地に寺が建立《こんりゅう》寄進《きしん》され、経済的にも豊かになり、想像を絶《ぜっ》する勢《いきお》いで短期間に大発展しました。

しかし、彼らは、全て学会任《まか》せで、広宣流布のための苦労など、ほとんど何もせず、「法華弘通《ほっけぐつう》」の大願《だいがん》よりも、自分の生活や立場に執着《しゅうちゃく》してきた。役僧《やくそう》も出家とは名ばかりの「金の亡者《もうじゃ》」で、「派閥《はばつ》争い」に明け暮《く》れているのが実態だっ

谷川佳樹主任副会長

た。みっともない話です。

一方、池田先生は第3代会長就任《しゅうにん》の5カ月後には、アメリカ・ハワイの地に世界広布の第一歩をしるされています。戸田先生の「君は世界に征《ゆ》くんだ」との叫《さけ》びを胸に、日蓮大聖人の御遺命《ごゆいめい》である世界広布を常に展望され、仏法を現代社会に展開することを真剣に考え、行動されていました。

するど、教条主義、権威《けんい》主義化し、保身しか考えていない宗門《しゅうもん》とは、わだかまりが生じる。それがついに表面化したのが「第1次宗門事件」だったのです。

先生が会長を辞任された79年（昭和54年）4月、私は大学4年生でした。

あの時の「なぜ、先生が会長を辞《や》めなければならないのか」とのやり場のない怒《いか》りは今でも忘れません。後になって分かったことですが、先生は広宣流布のために、一人、屋根になり、傘《かさ》になって学会員を守ってくださった。

「広宣流布をどう進めるか」「どうやって学会員を守り、民衆を幸福にしていくか」――これが池田先生のお心であり、信心であり、学会精神です。これを継承《けいしょう》することが、後継《こうけい》の青年部の最重要のテーマなのです。

――1990年は学会創立60周年、池田先生の会長就任30周年とともに恩師・戸田先生の三十三回忌《かいき》の年でした。その歴史的な意味は？

池田先生は会長就任以来、戸田先生の三十三回忌を、一つの広布の目標とされてきました。そして、90年4月2日、戸田先生の三十三回忌法要が大石寺で「満山供養《まんざんくよう》」として行われた。宗門挙げて、広宣流布の基盤となる75万世帯の願《がん》業《ぎょう》を達成した戸田先生に感謝し、その遺徳《いとく》を偲《しの》んだのです。

法要終了後、私は池田先生から次の和歌を頂戴《ちょうだい》しました。

「大法要　仇《あだ》を打てとの　ひびきあり　君らの使命と　瞬時《しゅんじ》もわするな」と。

「仇を打て」とは、師匠の正義を宣揚《せんよう》することにほかならない。

そもそも、この三十三回忌の法要自体が、恩師・戸田先生の正義を宣揚する池田先生の〝弟子の戦い〟でした。

小説『人間革命』『新・人間革命』に詳述《しょうじゅつ》されている通り、宗門は2度にわたって戸田先生を「登山停止」処分にしている。

1回目が43年（昭和18年）、軍部政府の弾圧《だんあつ》に怯《おび》えて、宗門《しゅうもん》が神札をまつる大謗法《だいほうぼう》を犯《おか》した時。あろうことか宗門は、牧口先生を大石寺に呼び出し、神札を受けるように言う。先生は断固拒否する。ほどなく牧口先生、戸田先生は不敬罪《ふけいざい》と治安維持法違反《ちあんいじほういはん》の容疑で逮捕《たいほ》されます。すると宗門は、自分たちに火の粉が降りかからぬよう、両先生を「登山停止」処分にしたのです。

牧口先生は翌年の11月18日に殉教《じゅんきょう》。牧口先生の死を獄中《ごくちゅう》で聞かされた戸田先生は、「よし、いまにみよ！　先生が正しいか、正しくないか、証明してやる。もし自分が別名を使ったなら、巌窟王《がんくつおう》の名を使って、なにか大仕事をして、先生にお返ししよう」と誓《ちか》われたのです。

2回目の「登山停止」処分は、52年（昭和27年）の立宗《りっしゅう》700年祭の折《おり》、戦時中に「神本仏迹論《しんぽんぶっしゃくろん》」の邪義《じゃぎ》を唱《とな》え、牧口先生の獄死の遠因をつくった小笠原慈聞《じもん》に対し、青年部が牧口先生の墓前で謝罪をさせた時のことです。

宗門は邪義を破折《はしゃく》した学会を称賛《しょうさん》するどころか、この悪侶《あくりょ》を守るため、学会が700年祭に未曽有《みぞう》の不祥事《ふしょうじ》を起こしたとして、宗会《しゅうかい》で決議し、戸田先生への「謝罪文の提出」「法華講《ほっけこう》大講頭罷免《ひめん》」「登山停止」という理不尽極《りふじんきわ》まる処分を発表したのです。

この暴挙《ぼうきょ》に、真っ先に立ち上がったのが池田先生でした。宗会議員の寺を訪《たず》ね、戸田先生の正義と真実を訴《うった》え、不当な決議撤回《てっかい》の突破口を開かれました。

振り返れば、戸田先生、池田先生の闘争は、師匠の正義を宣揚《せんよう》する弟子の戦いに貫《つらぬ》かれているのです。

戸田先生の三十三回忌《かいき》にいただいた和歌には、〝今度は君たちの番だ〟との、池田先生の万感の期待が込められていると受け止めています。

――90年7月には日顕を中心に「C作戦（創価学会分離《ぶんり》作戦）」の謀議《ぼうぎ》が練《ね》られ、12月には、11月16日の本部幹部会での池田先生のスピーチにクレームをつけ、「お尋《たず》ね」文書が送付されます。青年部は、どう行動したのですか？

当時はまだ、まさか日顕が首謀者《しゅぼうしゃ》になって作戦名まで決めて学会の切り捨てを画策《かくさく》しているとは知りませんでした。だから、突然の「お尋《たず》ね」文書についても、あくまでも学会は話し合いによる解決を求めました。ところが宗門《しゅうもん》は話し合いすら拒《こば》み、暮《く》れも押し詰《つ》まった12月27日、今度は臨時宗会《りんじしゅうかい》を開いて一方的に池田先生の法華講《ほっけこう》総講頭職を罷免《ひめん》してきたのです。

この2日前に日顕は、反学会の売文屋と密談《みつだん》し、〝学会員のうち20万人が宗門につけばいい〟と語っていたことが、その後、発覚しています。要は、〝金は十分に貯《た》まった。うるさい学会は必要ないから、黙《だま》って服従《ふくじゅう》して供養《くよう》を運んでくる檀徒《だんと》が20万人つけばいい〟との浅ましい魂胆《こんたん》だった。日顕の黒い野望が次第に明らかになっていったのです。

「第1次宗門事件」の悔《くや》しい思いもあり、青年部は即座に行動を開始しました。正月返上で男子部・学生部が各地の末寺を訪《おとず》れ、池田先生に対する不当な処分の撤回《てっかい》を求めました。ある学生部員は年明け早々、東京・大願寺の御講に参加したところ、住職は池田先生の処分の真意については、はぐらかした。また学生部員の教学の質問に対し、「そういうことなら学会の教学部に聞きなさい」と逃げた話は有名です。新年早々、信徒の前で、この情けない醜態《しゅうたい》をさらしたのは、誰あろうニセ法主・阿部日顕から〝ニセの相承《そうじょう》〟を受けた2代目ニセ法主・早瀬日如なのです。

私自身も、91年（平成3年）1月2日、池田先生の総講頭罷免の撤回を求めようと、学会首脳と大石寺に登山しました。すると、これまで恒例《こうれい》だった新年の出迎えが一切ない。さらに、いつも用意されていた御開扉《ごかいひ》の際の席も準備されておらず、儀礼的な挨拶《あいさつ》すら一言もない。明らかな嫌《いや》がらせでした。

日顕に面会を求めても、「お目通りかなわぬ身」などと、まるで時代劇のような仰々《ぎょうぎょう》しい言い回しで「会う」ことすら拒絶してきました。

宗門には「立正安国論《りっしょうあんこくろん》」に示された大聖人の対話主義や、「一切衆生《いっさいしゅじょう》の異《い》の苦《く》を受《う》くるは悉《ことごと》く是《こ》れ日蓮一人の苦なるべし」（御書758ページ）との慈悲《じひ》の精神などかけらもなく、「僧が上で信徒が下」との差別主義、「黙って従《したが》え」との権《けん》威《い》主義が身に染《し》み付いていることを痛感した瞬間でした。その後、宗門は「C

作戦」の計画通り、ＳＧＩの切り崩《くず》しや学会の登山会と御本尊下付《かふ》の停止などを打ち出し、広布破壊《はかい》の謀略《ぼうりゃく》を強行してきたのです。

一言われたら十言い返す

しかし青年部は、「一言われたら十言い返す」という破《は》折《しゃく》精神と攻撃精神で即座に応戦。「悪を滅《めっ》するを功《く》と云《い》い善を生《しょう》ずるを徳《とく》と云うなり」（御書７６２ページ）との御金言のままに正義の言論戦を展開していきました。

そうした中、91年3月には、日顕が東京・目黒に20億円もの豪邸《ごうてい》建設を計画していることが発覚。さらに、信徒の供養《くよう》で「温泉豪遊《ごうゆう》」や「芸者遊び」にうつつを抜かしていたことが次々と明らかになり、「遊戯雑談《ゆげぞうだん》のみして明《あか》し

C作戦で宗門の実態が明らかに

①「僧が上」「信徒が下」との**差別主義**

②「黙って従え」との**権威主義**

③「信心の志なし」の**堕落腐敗の姿**

暮《くら》さん者は法師《ほっし》の皮を著《き》たる畜生《ちくしょう》」（御書1386ページ）との御金言のままの、堕《だ》落《らく》・腐敗《ふはい》した姿《すがた》が白日の下にさらされた。

8月には、日顕の「（信者が）信心がいやになろうが、何しようが、そんなことは関係ない」「頭から少しカマシてやればいいんだ！」との、聖職者《せいしょくしゃ》にあるまじき「カマシ発言」も波紋《はもん》を呼びました。

9月には、学会を〝謗法《ほうぼう》〟呼ばわりしておきながら、法主を名乗《なの》る日顕自身が福島の禅《ぜん》寺に先祖の墓を建て、コソコソと法要まで行っていた〝大謗法〟（89年7月）まで明らかになった。

「C作戦」を企《くわだ》てた日顕は、まさに「天魔《てんま》」の正体を現し、宗門《しゅうもん》は窮地《きゅうち》に追い込まれていったのです。

第2次宗門事件㊦

——前代未聞《ぜんだいみもん》の広布破壊《はかい》の謀略《ぼうりゃく》「C作戦」にも、創価学会は微動《びどう》だにしませんでした。その勝利の因は？

第1次宗門《しゅうもん》事件の経験から、宗門は〝衣《ころも》の権威《けんい》〟を振りかざせば、学会がおとなしく言うことを聞くと、踏《ふ》んでいたようだ。

しかし、前回の時とは違い、学会は1989年（平成元年）に衛星中継《えいせいちゅうけい》行事をスタートさせており、全国の主要会館を結び、列島各地の同志一人一人が、直接、池田先生から薫陶《くんとう》を受ける体制が整《ととの》っていました。師弟の精神みなぎる学会には、信心のかけらもない宗門の脅《おど》しなど全く通用しませんでした。

最も印象的だったのが、先生の総講頭罷免《ひめん》直後の91年（平成3年）1月6日に開催された本部幹部会でした。先生は、ヒトラーを風刺《ふうし》した映画『チャップリンの独裁者』を「もっとも人間的な『笑い』によって、もっとも非人間的な『暴力』と戦った」と紹介されました。人間を支配しようとする権威・権力を笑い飛ばしたチャップリンの戦いを通し、何があっても笑い飛ばす強さ、朗《ほが》らかさ、勇敢な心の大切さを学び、皆《みな》が先生のもとから勇躍歓喜《ゆうやくかんき》の出発をしたのです。

それとは対照的に、新年早々、悲壮《ひそう》感に覆《おお》われていたのが、同じ日に大石寺で行われた教師指導会でした。

宗内《しゅうない》の同情を買おうとしたのか、日顕は「これから、非常に厳《きび》

人間を縛る権威・権力なんか笑い飛ばせ!——喜劇王・チャップリンを通した池田先生のスピーチに、会場には笑顔がはじけた(1991年1月6日の本部幹部会、東京・渋谷区内で)

しいこと、大変なこと、様々なことが起こってくると思います」などと言って、〝流浪《るろう》の身になっても〟と泣き落としに出てきた。既《すで》にこの時点で学会と宗門《しゅうもん》の勝敗は、決していたといえます。

私たちは同年の「3・16」に、先生から長文のメッセージ「『魂《たましい》の炎のバトン』を君たちに」をいただき、民衆を無知にしたまま支配しようとするゼウスと戦い、人類に「知恵の火」を与える英雄プロメテウスの物語を通し、広布の壮大な人《じん》権《けん》闘争の意義を命に刻《きざ》みました。メッセージで先生は、戸田先生から託《たく》された「広宣流布のバトン」について、次のようにつづられました。

「このバトンは人類の希望である。同時に我《わ》が身を焼きこがす覚悟なくして握《にぎ》れない、峻厳《しゅんげん》なるバトンである。正義のためならば何ものも恐れぬ獅子《しし》だけが、『自己を支配する』王者だけが、この栄光のバトンを受け継げる」

「愛する青年部諸君は、我が『魂の炎』のバトンを受け取り、高らかに掲《かか》げて、全世界へと、新世紀へと走り抜いていただきたい」

一方、宗門は、同じ3月16日、学会の月例登山会を取りやめ、7月から、坊《ぼう》主《ず》の許可がなければ登山できないとする「添書登山《てんしょとざん》」に切り替える謀略《ぼうりゃく》を仕掛《しか》けてきました。登山をしたければ寺につけと、学会員を支配しようと企《たくら》む宗門の魂胆《こんたん》は、見え見えだったのです。

その際、宗門は「添書登山」について、「本来の在《あ》り方《かた》」「本宗の伝統」などとうそぶきましたが、これは真っ赤なウソ。登山の伝統など宗門に存在するわけがなく、戦中・戦後の荒廃《こうはい》で極貧《ごくひん》にあえぐ宗門を支えるために、戸田先生が52年（昭和27年）に始めたのが登山会の淵源《えんげん》です。以来、約40年にわたり、のべ7千万人が参詣《さんけい》し、宗門繁栄《はんえい》の礎《いしずえ》を築いたことは厳然《げんぜん》たる事実なのです。

運営も創価班（前身は輸送班）を中心に行い、大石寺にあった創価班指揮室には、池田先生が登山の一切無事故を祈って、「無事」と記された色紙が掲げられていました。その師匠の心をわが心として人生を懸《か》け、20年以上、運営に携《たずさ》わってきたメンバーは〝今後、この色紙を拝《はい》することができなくなるのが本当に残念だ〟と、語っていました。

この姿《すがた》に象徴《しょうちょう》されるように、一人一人にとって、任務は〝師弟共戦〟の戦い以外のなにものでもありませんでした。

もう一つ、宗門《しゅうもん》の極悪非道ぶりで忘れられないことがあります。

戦時中、軍部政府に迎合《げいごう》した宗門が「神札」をまつったことは周知《しゅうち》の事実ですが、添書《てんしょ》登山の通告に加えて宗門は、こともあろうに〝学会も神札を容認《ようにん》していた〟との、事実無根《むこん》の言いがかりをつけ、機関紙等で発表したのです。

自分たちが大聖人の「立正安国《りっしょうあんこく》」の精神に背《そむ》いて神札を受けた事実を謝罪《しゃざい》もせず、殉難《じゅんなん》の道を歩んだ牧口先生、戸田先生を貶《おとし》めようとしたのです。直《ただ》ちに男子部は戸田先生の出獄記念日である91年の7月3日、日顕宛《あ》てに糾弾《きゅうだん》の「質問書」を送付しました。自分たちを正当化するためなら、デマを捏造《ねつぞう》して歴史まで改竄《かいざん》しようと画策《かくさく》する宗門の卑劣《ひれつ》さを、後継《こうけい》の青年部は、しっかり心にとどめておいてもらいたいのです。

学会以上に正法を宣揚した団体はない

――追い詰《つ》められた宗門は91年11月、学会に対し、「解散勧告《かんこく》書」「破門通告書」なる文書を送付してきました。そこから明らかになってきたことは何でしょうか？

11月7日に「解散勧告書」、その3週間後の28日には、時代錯誤《さくご》もはなはだしい「破門通告書」を送付してきました。

多くの宗教学者も指摘していましたが、そもそも学会は独立した宗教法人であり、二つの文書は法的にも実質的にも何ら効力はない。さらに笑止千万なのが、「破門」というのに御書が一節も引用されていなかったことです。

教義上の理由も示せず、ただ法主の言うことを聞かないから切り捨てるという幼稚《ようち》な暴挙《ぼうきょ》に、日本中はもちろんのこと、世界中から非難《ひなん》の声が上がりました。

「破門」すれば、少なくとも20万の会員が学会から離《はな》れて寺につくと算段《さんだん》した日顕の悪辣《あくらつ》な謀略《ぼうりゃく》は完全に失敗に終わりました。

同志の皆《みな》さんは、「C作戦」の発動から「破門」に至《いた》るまでの宗門《しゅうもん》の極悪非道な手口を、嫌《いや》というほど見てきました。

我々《われわれ》は、宗門が口では「相伝《そうでん》」「相伝」とさんざん叫《さけ》んで法主への服従《ふくじゅう》を強要《きょうよう》しておきながら、大聖人が「最上第一の相伝」（御書781ページ）と仰《おお》せの「当起《とうき》遠迎《おんごう》、当如敬仏《とうにょきょうぶつ》（当《まさ》に起《た》って遠く迎《むか》うべきこと、当に仏を敬《うやま》うが如《ごと》くすべし）」（法華経677ページ）の精神に真《ま》っ向《こう》から違背《いはい》していることを骨身に染《し》みて知っていました。日顕は「現代の大聖人様」と呼ばれ、土下座《どげざ》のような「伏《ふ》せ拝《はい》」までさせて偉《えら》ぶっていましたが、その本性が「人間を軽賤《きょうせん》」（御書21ページ）し、〝衣《ころも》の権威《けんい》〟で法華経の行者《ぎょうじゃ》を迫害する「僭聖増上慢《せんしょうぞうじょうまん》」であることを見破《みやぶ》っていたのです。

感動的だったのは、「破門」直後に全国の同志が会館に集い、池田先生と共に「魂《たましい》の独立」を祝賀した「創価ルネサンス大勝利記念幹部会」です。

先生は、日蓮大聖人の仰せ通りに、学会が不惜身命《ふしゃくしんみょう》の精神で広宣流布を実現してきたことを再確認され、「これ以上、折伏《しゃくぶく》・弘教《ぐきょう》し、これ以上、世界に正法を宣揚《せんよう》してきた団体はありません」「戸田先生も言われていたが、未来の経典に『創価学会仏』の名が厳然《げんぜん》と記し残されることは間違いない」とスピーチされました。皆が大歓喜《だいかんき》し、邪宗門の鉄鎖《てっさ》を断ち切って世界宗教への飛翔《ひしょう》を開始したのです。

そして、ニセ法主・日顕に、約1625万人の署名と共に「退座《たいざ》要求書」を突き付けたのです。

――宗門の権威の鉄鎖を断ち切った学会は93年（平成5年）10月、日寛《にちかん》上人書写の御形木《おかたぎ》御本尊の授与を開始しました。その経緯《けいい》を教えてください。

学会を破門した宗門は、学会員への御本尊下付《かふ》を停止しました。

大聖人は「日蓮がたましひ《魂》をすみ《墨》にそめながして・かきて候《そうろう》ぞ信じさせ給《たま》へ」（御書1124ページ）「一念三千《いちねんさんぜん》を識《し》らざる者には仏・大慈悲《だいじひ》を起《おこ》し五字の内に此《こ》の珠《たま》を裹《つつ》み末代幼稚《まつだいようち》の頸《くび》に懸《か》けさしめ給《たも》う」（同254ページ）と仰せの通り、末法万年にわたる万人成仏のために、大慈大悲《だいじだいひ》で御本尊を顕《あらわ》してくださいました。それを、信徒を脅《おど》して切り崩《くず》すための道具にするなど、非道極《きわ》まる大謗法《だいほうぼう》です。そもそも、学会が出現する以前、宗門《しゅうもん》は広布のための折伏《しゃくぶく》など進めていなかった。

大聖人は御本尊を「法華弘通《ほっけぐつう》のはたじるし《旌》」（御書1243ページ）と仰《おお》せです。そのお心を現代によみがえらせ、本格的に広布のために御本尊流布を始めたのは牧口先生であり、学会なのです。

51年（昭和26年）に戸田先生が第2代会長に就任《しゅうにん》され、御本尊流布が大きく進む中、当時、授戒《じゅかい》の仕方すら分からない坊主《ぼうず》もいたといいます。

「700年の伝統」などと威張《いば》っていますが、大聖人の広布の大願《だいがん》とはほど遠く、折伏の苦労などしてこなかったというのが実情といっていいのです。

宗門の碩学《せきがく》・59世の堀日亨《ほりにちこう》法主が、「御本尊様も本当に日の目を見たのは、学会が出現してからだ。学会のお陰《かげ》で御本尊様の本当の力《ちから》が出るようになった」と証言している通りです。

そして、学会は「魂《たましい》の独立」から2年後の93年、大聖人の御遺命《ごゆいめい》である世界広宣流布を果たす唯一《ゆいいつ》の和《わ》合僧団《ごうそうだん》の資格において、日寛《にちかん》上人書写の「御形木《おかたぎ》御本尊」を学会認定の御本尊とし、授与を開始しました。大慌《おおあわ》ての宗門は、機関紙の号外まで出して、学会が授与する御本尊を〝偽物《にせもの》〟呼ばわりしてきましたが、当然のことながら、教学的にも、歴史の事実に照らしても、全く根拠《こんきょ》のない邪《じゃ》義《ぎ》、言いがかりに過ぎません。

何より学会の正しさは、宗門と決別して以来、世界広布の正義の連帯が115カ国・地域から192カ国・地域に大発展した事実が証明しています。片《かた》やその学会を切り捨てた宗門は、わずかばかりの法華講《ほっけこう》員がいるのみに激減しました。正邪《せいじゃ》は誰の目にも明らかなのです。

こうした経緯《けいい》と世界教団としての発展を踏《ふ》まえ、2014年（平成26年）11月、大聖人の仏法の本義に基《もと》づいて学会の宗教的独自性を明確にするため、会則の第1章第2条の教義条項《じょうこう》の改正を行いました。その趣旨《しゅし》は、創価学会が大聖人御遺命の世界広宣流布を推進《すいしん》する仏意仏勅《ぶついぶっちょく》の教団であるとの自覚に立ち、その責任において広宣流布のための御本尊を認定することであり、学会を破門した大謗法《だいほうぼう》の地・大石寺にある弘安《こうあん》2年の御本尊は受持《じゅじ》の対象にしないことも明確にしたものです。

御書に「今日蓮等《いまにちれんら》の類《たぐ》い南無妙法蓮華経と唱《とな》え奉《たてまつ》る者の住処《じゅうしょ》は山谷曠野《せんごくこうや》皆《みな》寂《じゃっ》光土《こうど》なり此《こ》れを道場と云《い》うなり」（781ページ）と仰《おお》せの通り、真剣に唱題して広宣流布に励《はげ》む、その人がいる場所が寂光土であり、仏道修行の道場です。宗《しゅう》門《もん》による御本尊を道具にした登山会参加への強引な推進《すいしん》は、金儲《かねもう》けのために信徒をだます全くの邪義《じゃぎ》でしかない。

「御書根本」こそ大聖人の仏法の正道

――第2次宗門事件から、青年部が学び取らなければならないものは何でしょうか？

大聖人の御遺命《ごゆいめい》である世界広布の大道を開くためには、旧態依然《きゅうたいいぜん》とした宗門の権威《けんい》主義・教条主義や、大聖人の仏法に違背《いはい》する形骸《けいがい》化を打ち破《やぶ》る必要がありました。第2次宗門事件の本質とは、大聖人の御遺命である一閻浮提《いちえんぶだい》広布を実現すべく世界宗教に飛翔《ひしょう》するための「宗教改革」でした。そして、その戦いを通して学会は「大聖人直結」「御書根本」の信心を確立したのです。

青年部に学んでもらいたいのは、大聖人の仏法の目的は徹頭徹尾《てっとうてつび》「広宣流布実現」であり、それを可能にするものこそ「師弟」であるということです。御聖訓《ごせいくん》に「よき弟子をもつときんば師弟・仏果《ぶっか》にいたり・あしき弟子をたくはひぬれば師弟・地獄にをつといへり、師弟相違《そうい》せばなに事《ごと》も成《なす》べからず」（御書900ページ）とあります。

学会には真の師弟があったから、今日《こんにち》の世界宗教としての大発展があったのです。一方、宗門は儀式・形式ばかりで、広布の信心や師弟など全くないからこそ、腐敗《ふはい》・堕落《だらく》の一途《いっと》をたどったのです。

インドのネルー元首相は、仏教がインドで滅《ほろ》んだ理由を考察していました。「仏陀《ぶっだ》の天才は、あくまでも仏陀が人間であるという事実にもとづいていた」「しかし仏陀《ぶっだ》の神格化が行《おこ》なわれたとたん、仏陀その人はこの神々と同列にくわえられ、姿《すがた》を没《ぼっ》してしまった」（アンドレ・マルロー『反回想録』竹本忠雄訳、新潮社）と。

池田先生は、このエピソードを通して、「本来、仏教は〝人間の生き方〟を説いたものであった。釈尊《しゃくそん》は『このように生きよ』『人生をこう生きよ』と、我《わ》が身で教えた。そこには師弟の道があった。しかし、いつしか『人間・釈尊』は権威《けんい》化され、人間を超えた神になっていった」と指導されました。

師弟の道とは、弟子が師の生き方を継承《けいしょう》する道にほかなりません。

青年部は、師弟誓願《せいがん》の祈りを根本に、小説『人間革命』『新・人間革命』から池田先生の戦いを学び抜いていくことに取り組んでいってほしいと思います。

破邪顕正の魂を継承

小説『新・人間革命』に学ぶ①

創価の師弟を分断し　会員の「隷属化」狙う

〈1990年（平成2年）12月13日、学会と宗門《しゅうもん》の連絡会議が行われ、第2次宗門事件が顕在化《けんざいか》する〉

東京・墨田区《すみだく》の寺では、学会と宗門の連絡会議が行われた。学会からは、会長の秋月英介《えいすけ》らが、宗門からは、総監《そうかん》の藤本日潤《にちじゅん》らが出席した。

連絡会議が終了しようとした時、総監が封筒を秋月に差し出した。前月の十

六日に行われた、学会創立六十周年を祝賀する本部幹部会での伸一のスピーチについて、入手したテープに基《もと》づいて質問書を作成したので、文書で回答してもらいたいというのである。

唐突《とうとつ》にして性急《せいきゅう》な要求であった。学会の首脳たちは、宗門《しゅうもん》側の意図《いと》がわからなかった。

秋月は、何か疑問があれば、文書の交換などという方法ではなく、連絡会議の場で話し合うよう求めた。総監《そうかん》は、考え直すことを約束し、文書を持ち帰った。

しかし、三日後の十二月十六日付で、宗門は学会に文書を送付した。「到達《とうたつ》の日より七日以内に宗務院《しゅうむいん》へ必着するよう、文書をもって責任ある回答を願います」とあった。

伸一のスピーチは、世界宗教へと飛躍するための布教の在《あ》り方《かた》、宗教運動の進め方に論及《ろんきゅう》したものであった。だが、その本義には目を向けぬ、一方的な難《なん》詰《きつ》であった。

そして、伸一が、ベートーベンの「歓喜《かんき》の歌」を大合唱していこうと提案したことについて、〝ドイツ語で「歓喜の歌」を歌うのは、キリスト教の神を讃歎《さんたん》することになり、大聖人の御聖意《ごせいい》に反する〟などと、レッテルを貼《は》ったうえでの質問であった。

十二月十六日、伸一は、第一回壮年部総会を兼《か》ねた本部幹部会に出席。この日が、ベートーベンの誕生《たんじょう》の日とされ、生誕《せいたん》二百二十年に当たることから、楽聖《がくせい》の〝わが精神の王国は天空にあり〟との毅然《きぜん》たる生き方に言及《げんきゅう》した。

なぜ、ベートーベンが、苦しみのなかで作曲し続けたのか。自身がつかんだ歓喜の境涯《きょうがい》を、未来のため、不幸な貧しき人びとのために分け与えたかったからである――それが伸一の洞察《どうさつ》であった。まさに、この大音楽家の一念は、学会精神に通じよう。

宗門の「お尋《たず》ね」と題する質問文書に対して、学会は、二十三日、「あくまでも話し合いで、理解を深めさせていただきたい」との返書を送った。併《あわ》せて、僧俗和合《そうぞくわごう》していくために、これまで思い悩んでいた事柄《ことがら》や疑問を、率直《そっちょく》に、「お伺《うかが》い」することにした。それは、秋月英介が伸一と共に対面した折《おり》の法主の話や、僧たちの不謹慎《ふきんしん》な言動など、九項目に及んだ。

二十六日付で宗門《しゅうもん》から書面が届いた。

「『お伺《うかが》い』なる文書をもって、事実無根《むこん》のことがらを含《ふく》む九項目の詰問状《きつもんじょう》を提出せられるなど、まことにもって無慚無愧《むざんむき》という他ありません」「一一・一六のスピーチについては、文書による誠意ある回答を示される意志が全くないものと受けとめました」

翌二十七日、宗門は臨時宗会《りんじしゅうかい》を開き、宗規《しゅうき》の改正を行った。改正された宗規では、これまで任期のなかった総講頭の任期を五年とし、それ以外の役員（大講頭ら）の任期を三年とした。また、「言論、文書等をもって、管長を批判《ひはん》し、または誹毀《ひき》、讒謗《ざんぼう》したとき」は処分できるとなった。

この変更された宗規は、即日施行《しこう》され、それにともない、「従前法華講《じゅうぜんほっけこう》本部役員の職にあった者は、その資格を失なう」とあった。つまり、総講頭の伸一も、大講頭の秋月や森川らも、資格を喪失《そうしつ》することになる。

宗門の狙《ねら》いは、明白であった。宗規改正を理由に、伸一の宗内《しゅうない》における立場を剝奪《はくだつ》し、やがては学会を壊滅《かいめつ》させ、宗門の権威《けんい》権力のもとに、会員を隷属《れいぞく》させることにあった。

（小説『新・人間革命』第30巻〈下〉「誓願《せいがん》」の章、295〜297ページ）

人間の平等を否定　日蓮仏法を歪める

〈1991年（平成3年）1月、宗門は山本伸一の発言として難癖《なんくせ》をつけた部分について、誤《あやま》りを認めた。これで、伸一を攻撃する根拠《こんきょ》が崩《くず》れた〉

十二日付で、宗門から文書が送られてきた。

実は、宗門の「お尋《たず》ね」のなかで、伸一の発言だとして詰問してきた引用に、幾《いく》つかの重要な誤りがあった。また、明らかに意味を取り違えている箇所《かしょ》や、なんの裏づけもない伝聞に基《もと》づく質問もあった。

この文書は、学会が、それを具体的に指摘したことに対する回答であった。

宗門《しゅうもん》は、数カ所の誤《あやま》りを認めて撤回《てっかい》した。それにより、主張の論拠《ろんきょ》は根底から崩《くず》れたのである。

しかし、彼らは、学会への理不尽《りふじん》な措置《そち》を改めず、僧俗《そうぞく》の関係についても、「本質的に皆《みな》平等であるとし、対等意識をもって僧俗和合《わごう》を進めるなどというのは、大きな慢心《まんしん》の表われであると同時に、和合僧団を破壊《はかい》する五逆罪《ごぎゃくざい》に相当するもの」とまで言っているのだ。もはや看過《かんか》しておくわけにはいかなかった。日蓮仏法の根幹を歪《ゆが》め、世界広布を根本から阻《はば》む元凶《げんきょう》になりかねないからだ。

（小説『新・人間革命』第30巻〈下〉「誓願《せいがん》」の章、299〜300ページ）

「宗門は金を持てば　学会を切るぞ！」

〈1991年（平成3年）、宗門は学会の組織を切り崩し、寺の檀徒《だんと》にするための謀略《ぼうりゃく》を次々と実行に移していく〉

三月のことである。学会との話し合いを拒否し続けてきた宗門は、突然、海外組織に対する方針の転換を発表した。

これまで海外では、SGI以外の信徒組織は認めなかったが、その方針を廃止する旨《むね》の通知を送付してきたのである。

さらに、学会の月例登山会を廃止し、七月からは、所属寺院が発行する添書《てんしょ》（登山参詣御開扉願《さんけいごかいひねがい》）を所持しての登山しか認めないと通告してきた。学会の組織を切り崩そうとする意図《いと》は明らかであった。

学会員は、その一方的で傲岸不遜《ごうがんふそん》なやり方にあきれ返った。信心の誠《まこと》をもって登山を重《かさ》ね、また、総本山を荘厳《そうごん》するために、身を削《けず》る思いで供養《くよう》し続けてきたからである。

総本山の大石寺は、戦後、農地改革によって、それまで所有していた農地の大半を失い、経済的に大きな打撃を受け、疲弊《ひへい》の極《きわ》みにあった。すると、宗門は、生活手段を確保するために、大石寺の観光地化を計画した。一九五〇年（昭和二十五年）十一月には、総本山で地元の市長や村長、観光協会関係者、新聞記者などが集まり、「富士北部観光懇談会《こんだんかい》」を開き、具体的な検討を始めたのだ。

その話を聞いた戸田城聖の驚《おどろ》き、悲しみは大きかった。総本山を、金のために信仰心のない物見遊山《ものみゆさん》の観光客に開放し、大聖人の御精神が踏《ふ》みにじられてしまうことを憂《うれ》えた。そして、事態打開の道を考え、定例の登山会を企画し、二年後の一九五二年（昭和二十七年）から実施したのだ。これによって、宗門《しゅうもん》は窮《きゅう》地《ち》を脱し、大いなる発展を遂《と》げた。登山会には四十年間で延《の》べ七千万人が参加している。

広宣流布を願う創価学会員の信心が、宗門を支え、総本山を大興隆《だいこうりゅう》させてきたのだ。

学会は、総本山整備にも、最大の力《ちから》を注《そそ》いできた。戸田第二代会長の時代には、奉安殿《ほうあんでん》、大講堂を建立《こんりゅう》寄進《きしん》し、山本伸一が第三代会長に就任《しゅうにん》してからは大《だい》坊《ぼう》、大客殿《だいきゃくでん》、正本堂《しょうほんどう》をはじめ、総門、宿坊施設《しゅくぼうしせつ》など、総本山の建物や施設を寄進した。総本山所有の土地も、農地改革直後は、五万一千余坪《つぼ》にすぎなかったが、かつての二十三倍の百十七万余坪になった。その土地も、大半が学会からの寄進であった。こうした長年の外護《げご》の赤誠《せきせい》に対しても、学会員の真心の御供養《ごくよう》に対しても、登山会の無事故の運営のために、止暇断眠《しかだんみん》して挺身《ていしん》した青年たちの苦労に対しても、一言のあいさつも感謝もなく、添書登山《てんしょ》が始まったのである。

一九九一年（平成三年）の七月、宗門は学会を辞《や》めさせて寺の檀徒《だんと》にする「檀徒づくり」を、公式方針として発表した。

戸田城聖は、宗門の本質を鋭《するど》く見抜き、「宗門は金を持てば、学会を切るぞ！」と語っていた。その通りの暴挙《ぼうきょ》に出たのだ。

仏法上、最も重罪となる五逆罪《ごぎゃくざい》の一つに、仏の教団を分裂混乱させる「破和《はわ》合僧《ごうそう》」がある。彼らは、現実に広宣流布を推進《すいしん》してきた仏意仏勅《ぶついぶっちょく》の団体である、創価学会の組織の本格的な切り崩《くず》しに踏み切り、この大重罪を犯《おか》したのだ。それは、供養を取るだけ取って切り捨てるという、冷酷《れいこく》、卑劣《ひれつ》な所業《しょぎょう》であった。

（小説『新・人間革命』第30巻〈下〉「誓願《せいがん》」の章、３０９〜３１１ページ）

宗門の謀略の狙いは創価の師弟の分断に

〈1991年(平成3年)11月28日、宗門《しゅうもん》は「破門通告書」を学会に送付。これを受け、学会の草創《そうそう》のリーダーが卑劣《ひれつ》な宗門の策略を糾弾《きゅうだん》していく〉

宗門から解散勧告《かんこく》書なる文書が送付されてきてから三週間後の十一月二十九日、またしても学会本部に文書が届いた。「創価学会破門通告書」と書かれていた。宗門は、解散するよう勧告書を送ったが、学会が、それに従《したが》わないから、〝破門〟するというのだ。さらに、「創価学会の指導を受け入れ、同調している全てのSGI組織、並びにこれに準ずる組織」に対しても、〝破門〟を通告するとあった。

初代会長・牧口常三郎の時代に入会し、戦後は第二代会長・戸田城聖のもとで学会の再建期から戦い、宗門の実態を見続けてきた草創の幹部たちは、日顕らの卑劣な策略を糾弾した。最高指導会議議長の泉田弘《ひろし》や参議会議長の関久男、同副議長の清原かつ等である。

泉田は、あきれ返りながら語った。

「いったい誰を〝破門〟にしたのかね。普通、〝破門〟は、人に対して行うものだが、学会とＳＧＩという組織を〝破門〟にしたという。そして、個々の会員には、宗門の信徒の資格は残るので、学会を脱会するよう呼びかけている。結局、学会員を奪《うば》って、寺につけようという魂胆《こんたん》が丸見えじゃないか。

宗門の権威《けんい》主義、保身、臆病《おくびょう》、ずるさは、昔から全く変わっていないな。信心がないんだ。だから、戦時中は、神札を受けるし、御書も削除している。また、何かあると、御本尊を下付《かふ》しないなどと、信仰の対象である御本尊を、信徒支配の道具に使う。

それと、注意しなければならないのが、創価の師弟を引き裂こうとしてきたことだよ。（中略）」

創価学会は、広宣流布を使命とする地涌《じゆ》の菩薩《ぼさつ》の集いである。そして、その生命線は、師弟にこそある。ゆえに、広布の破壊《はかい》をもくろむ第六天の魔王は、さまざまな方法を駆使《くし》して、創価の師弟の分断を企《くわだ》てる。

〈小説『新・人間革命』第30巻〈下〉「誓願《せいがん》」の章、322～323ページ〉

未来の経典に「創価学会仏」の名は残る

〈破門通告書が届いた翌日の30日、「創価ルネサンス大勝利記念幹部会」が全国各地で開催された。創価国際友好会館での集いに出席した山本伸一は、世界宗教の条件に言及《げんきゅう》する〉

伸一は、日蓮大聖人の仰《おお》せ通りに、学会が不惜身命《ふしゃくしんみょう》の精神で妙法広宣流布を実現してきたことを再確認し、力《ちから》を込めた。

「これ以上、折伏《しゃくぶく》・弘教《ぐきょう》し、これ以上、世界に正法を宣揚《せんよう》してきた団体はありません。

また、いよいよ、これからが本舞台です。

戸田先生も言われていたが、未来の経典に『創価学会仏』の名が厳然《げんぜん》と記し残されることは間違いないと確信するものであります」

まさしく、仏意仏勅《ぶついぶっちょく》の創価学会であり、広宣流布のために懸命《けんめい》に汗を流す、学会員一人ひとりが仏なのである。

「宗教」があって「人間」があるのではない。「人間」があって「宗教」があるのである。「人間」が幸福になるための「宗教」である。この道理をあべこべにとらえ、錯覚《さっかく》してしまうならば、すべてが狂《くる》っていく——伸一は、ここに宗門《しゅうもん》の根本的な誤《あやま》りがあったことを指摘し、未来を展望しつつ語った。

「日蓮大聖人の仏法は『太陽の仏法』であり、全人類を照らす世界宗教です。その大仏法を奉《ほう》ずる私どもの前進も、あらゆる観点から見て、〝世界的〟〝普遍《ふへん》的〟であるべきです。決して、小さな閉鎖的・封建《ほうけん》的な枠《わく》に閉じ込めるようなことがあってはならない」

御書に「日輪《にちりん》・東方《とうほう》の空に出《い》でさせ給へば南浮《なんぶ》の空・皆明《みなあきら》かなり」(八八三ページ)と。「南浮」とは、南閻浮提《なんえんぶだい》であり、世界を意味する。太陽の日蓮仏法は、あらゆる不幸の暗雲を打ち破《やぶ》り、全世界に遍《あまね》く幸の光を送る。

さらに伸一は、宗門《しゅうもん》事件に寄せられた識者の声から、世界宗教の条件について語った。

——それは、「民主的な〝開かれた教団運営〟」「『信仰の基本』には厳格《げんかく》、『言論の自由』を保障《ほしょう》」「『信徒参画』『信徒尊敬』の平等主義」「『儀式』中心ではなく、『信仰』中心」「血統主義ではなく、オープンな人材主義」「教義の『普遍性《ふへんせい》』と、布教面の『時代即応性《そくおうせい》』」である。

また、彼は、戸田城聖の「われわれ学会は、御書を通して、日蓮大聖人と直結していくのである」との指導を紹介。学会は、どこまでも御書根本に、大聖人の仏意仏勅《ぶついぶっちょく》のままに、「大法弘通慈折広宣流布《だいほうぐつうじしゃく》」の大願《だいがん》を掲《かか》げて、行動し続けていることを力説した。

そして、誰人《たれびと》も大聖人と私どもの間に介在《かいざい》させる必要はないことを述べ、あえて指導者の使命をいえば、大聖人と一人ひとりを直結させるための手助けであると述べた。

牧口初代会長、戸田第二代会長は、御本仏の御遺命《ごゆいめい》通りに死身弘法《ししんぐほう》を貫《つらぬ》き、大聖人門下の信心を教え示した。創価の師弟も、同志も、組織も、御書を根本に大聖人の御精神、正しい信心を、教え、学び合うためにある。

（小説『新・人間革命』第30巻〈下〉「誓願《せいがん》」の章、330〜332ページ）

「魂の独立」勝ち取り、世界宗教として飛翔

〈池田先生は、大聖人の仏法の根幹が歪《ゆが》められた第2次宗門事件の本質についてつづった〉

世界広布に邁進《まいしん》する学会にとって、飛躍の大転機となったのが、腐敗《ふはい》、堕落《だらく》し、形骸《けいがい》化していった宗門から、「魂《たましい》の独立」を勝ち取ったことである。

学会は、ただただ、大聖人の御遺命である広宣流布の推進《すいしん》のために、信徒を睥睨《へいげい》する僧らの非道な仕打ちに耐《た》えながら、僧俗和合《そうぞくわごう》を願い、宗門に外護《げご》の赤誠《せきせい》を尽《つ》くしてきた。しかし、宗門は教条主義化し、衣《ころも》の権威《けんい》を振りかざして、

人類の遺産である文化・芸術を否定し、「謗法《ほうぼう》」と断じていった。また、権力化した彼らは、法主を頂点とした僧による信徒支配、理不尽《りふじん》な僧俗《そうぞく》の差別を進め、大聖人の御精神に違背《いはい》し、仏法で説かれた「生命の尊厳《そんげん》」も「万人の平等」も、踏《ふ》みにじっていったのである。

これでは、大聖人の仏法の根幹が歪《ゆが》められ、人類の幸福と世界の平和を実現する教えとは、ほど遠いものとなってしまう。学会は、「大聖人の御精神に還《かえ》れ！」と、宗教改革に立ち上がり、諫言《かんげん》した。すると、宗門《しゅうもん》は、仏意仏勅《ぶついぶっちょく》の広宣流布の団体である学会に、「解散」を勧告《かんこく》し、さらに、「破門」を通告してきたのである。

彼らが、その文書を送った一九九一年（平成三年）十一月二十八日は、創価学会が宗門の鉄鎖《てっさ》から解き放たれた、「魂《たましい》の独立」記念日となった。創価の前進を阻《はば》む暗雲は払われ、豁然《かつぜん》と世界広布の大道が開かれたのだ。真実の世界宗教として、二十一世紀へ晴れやかに飛翔《ひしょう》しゆく朝の到来《とうらい》となったのである。

（小説『新・人間革命』第30巻〈下〉あとがき、444～445ページ）

一部の政治家やマスコミによる学会弾圧
──白山さん名誉毀損事件

──前回のインタビューで日顕を「僭聖増上慢《せんしょうぞうじょうまん》」と断じられました。

「僭聖増上慢」とは「三類の強敵《ごうてき》」のうち、外見は聖者のように装《よそお》いながら、欲望に執着《しゅうちゃく》し、権力などを利用して法華経の行者《ぎょうじゃ》を陥《おとしい》れようとする聖職者《せいしょくしゃ》などを指します。日蓮大聖人御在世《ございせ》当時の極楽寺《ごくらくじ》良観《りょうかん》がその典型です。

「常に大衆《だいしゅ》の中に在《あ》って　我等《われら》を毀《そし》らんと欲《ほっ》するが故《ゆえ》に　国王・大臣　婆羅《ばら》門《もん》・居士《こじ》　及《およ》び余《よ》の比丘衆《びくしゅ》に向かって　誹謗《ひぼう》して我《わ》が悪を説いて　是《こ》れ邪見《じゃけん》の人　外道《げどう》の論議《ろんぎ》を説くと謂《い》わん」（法華経419ページ）と示されているように、極楽寺良観が讒言《ざんげん》で幕府権力を動かし、大聖人に迫害を加えたことは御書に書かれている通りです。

日顕ら極悪宗門《しゅうもん》もまた、1991年（平成3年）の「破門通告」が失敗に終わり、陰《かげ》で政治権力に擦《す》り寄って広宣流布の団体である学会を解散させようと企《くわだ》ててきた。

93年（平成5年）8月には、衆議院選挙で大勝利した公明党が、非自民からなる細川連立政権に参画します。結党以来、38年間、一度も政権の座を譲《ゆず》ったことがなかった自民党の危機感は尋常《じんじょう》ではありませんでした。一部の突出した議員たちは政権奪還《だっかん》のために、連立政権の要《かなめ》だった公明党、さらには支援団体の学会への攻撃を画策《かくさく》してきたのです。

これに目を付けたのが、この年の4月、刑務所から仮《かり》出所した極悪ペテン師の山崎正友でした。

山崎は、学会の顧問《こもん》弁護士でありながら、欲にまみれて信心が狂《くる》い、学会の世界を自己の野望実現の格好《かっこう》の場所と考えるようになっていきました。第1次宗門事件の折《おり》には、学会は信徒団体として、宗門に屈服《くっぷく》せざるを得ない存在だと考え、宗門の権威《けんい》を利用して学会を支配しようと〝提婆《だいば》〟の正体を現しました。

具体的には、76年（昭和51年）の半《なか》ばころから、宗門の若手坊主《ぼうず》に学会への不信感を植え付けるデマを吹聴《ふいちょう》し、その坊主らに学会を激しく批判《ひはん》するように仕向け、何食わぬ顔で、自分が学会側の窓口として宗門との和合《わごう》の交渉役を買って出る。まさに、自分で火を付け、自分で消す「マッチポンプ」で学会を操《あやつ》ろうとしたのです。揚《あ》げ句《く》の果てには、自《みずか》らの会社が杜撰《ずさん》な経営によって多額の負債《ふさい》を抱《かか》えると、その返済のために顧問先の学会を恐喝《きょうかつ》。91年には、裁判で懲《ちょう》役《えき》3年の実刑《じっけい》判決が確定したのです。

仮出所後（93年4月）、自らの悪行《あくぎょう》を反省するどころか、学会を逆恨《さかうら》みした山崎は、自民党の反学会グループ「民主政治研究会」の勉強会に講師として頻繁《ひんぱん》に顔を出し、学会攻撃の材料を提供していました。また、日顕にも書簡《しょかん》を送り、「学会攻撃の弾丸《だんがん》は、私達以外に供給できません」等と反学会グループへの情報提供を持ち掛《か》けていました。

しかし、そもそも日顕は79年（昭和54年）の登座《とうざ》直後、山崎をうそつき呼ばわりして、総本山出入り禁止の処分にしていた。一方、山崎は日顕の血脈相承《そうじょう》に疑義《ぎぎ》を唱《とな》え、かつて、学会攻撃で手なずけた正信会と名乗《なの》る若手坊主《ぼうず》をたきつけ、日顕の法主の地位を巡《めぐ》って訴訟《そしょう》まで起こさせている。その結果、宗内《しゅうない》は真っ二つに割れ、日顕は約200人の正信会僧を擯斥《ひんせき》（僧籍剝奪《そうせきはくだつ》）処分にした経緯《けいい》があります。ある意味で山崎は宗門《しゅうもん》を分裂に追い込んだ張本人でした。

ところが、「C作戦」が破綻《はたん》するや、日顕は、その不倶戴天《ふぐたいてん》の敵ともいうべき、元恐喝《きょうかつ》犯の山崎と結託《けったく》していきました。そして、宗門の一部の坊主らは国会議員や週刊誌に、学会攻撃の捏造《ねつぞう》情報を送っていったのです。「大慢《だいまん》のものは敵に随《したが》う」（御書287ページ）との御金言通りの醜《みにく》い野合《やごう》でした。

週刊誌の捏造記事を利用した学会攻撃

――94年（平成6年）6月23日には、一部の政治家や文化人、日顕宗《にっけんしゅう》を含《ふく》む宗教団体などからなる「四月会」が設立されました。その狙《ねら》いは？

一般紙も、〝反創価学会を主眼とした集まり〟などと報じていましたが、注目すべきは、その設立総会に当時の自民党、社会党、新党さきがけの3党首がそろって出席していたことです。

1週間後の6月30日には、政権交代が行われ、設立総会に出席した3党首を中心とする自社さ政権が成立しました。四月会設立を呼び掛《か》けた学会弾圧《だんあつ》の急《きゅう》先鋒《せんぽう》の議員も入閣《にゅうかく》しており、この政権は実質、〝四月会政権〟だったのです。

そんな中、学会を中傷《ちゅうしょう》する全くのデマ記事が週刊誌に掲載《けいさい》されました。

94年7月21日、北海道の国道で、日顕宗深妙寺の住職・大橋信明が運転する乗用車がスピードオーバーで、センターラインを越えて反対車線にはみ出し、対向車線を走行していた白山信之さん運転のトラックに衝突《しょうとつ》。大橋は約4時間後に死亡しました。警察も保険会社も事故原因は「100対0」で「大橋の一方的な過失《かしつ》」と断定していました。

しかし、「週刊新潮」（同年9月1日号）は、白山さんが学会の地区部長であることに目を付け、「大石寺『僧侶《そうりょ》』を衝突死《しょうとつし》させた創価学会幹部」との見出しを掲《かか》げ、あたかも白山さんが故意《こい》に事故を起こし、大橋を死亡させたかのごとく、事実をねじ曲げて報じた。学会攻撃のために事故の被害者を加害者に仕立てあげ、その人権《じんけん》を無残《むざん》に踏《ふ》みにじったのです。白山さんの夫人は、精神的ストレスが原因で入院を余儀《よぎ》なくされました。

白山さんはデマ記事の発行元である新潮社を相手取り、裁判を起こしました。裁判の過程では「大石寺『僧侶』を衝突死させた」云々《うんぬん》の事実無根《むこん》の大見出しが記事の完成前に既《すで》に決められていたことも明らかになり、白山さんの全面勝《しょう》訴《そ》が最高裁で確定しました（98年3月）。

その判決では、新潮社の取材について「予《あらかじ》め決められた創価学会批判《ひはん》の方向に沿ってされたのではないかとの疑問は払拭《ふっしょく》できない」と、初めから結論ありきの姿勢を厳《きび》しく叱責《しっせき》していました。

そして、私が最も許せなかったのは、こんな捏造《ねつぞう》記事が国権《こっけん》の最高機関である国会で取り上げられたことです。それを裏で仕《し》掛《か》けていたのは山崎で、日顕宛《あ》ての書簡《しょかん》に次の通り記されています。

「（94年9月）二十七日、自民党の幹部と、今後の作戦の打合せをしました」「十月十一～十三日の予算委員会の審議《しんぎ》で、テレビ中継の入る時間帯に、一時間ばかりかけて、創価学会問題を集中的に取り上げる」「国会質問のための資料づくりを、私を中心に、段《だん》、乙骨《おっこつ》の三人で作った上で、十日までに、自民、社会、さきがけの首脳、国対をまじえて最終打合せをすることになっています」と。

このシナリオの通り、デマ記事が掲載《けいさい》された約1カ月後の10月11日、国会の予算委員会で自民党の代議士は「新潮」の記事を取り上げ、わざわざ、悪意に満ちた見出しを読み、あたかも学会が反社会的で危険な団体であるかのような質問を、ＮＨＫという公共の電波に流した。国民の人権を、最も尊重《そんちょう》して守るべき国会議員によるとんでもない人権侵害《しんがい》が行われたのです。

当然のことながら、裁判で白山さんの勝訴が確定した後、国会質問した代議士は夫妻と学会に対し、謝罪しました。

民衆の「自由」を侵す悪とは断固戦い抜く

――前代未聞《ぜんだいみもん》の学会攻撃に、青年部は、いかにして攻防戦を展開したのですか?

佐渡《さど》御書に「悪王の正法《しょうほう》を破《やぶ》るに邪法《じゃほう》の僧等《そうら》が方人《かたうど》をなして智者《ちしゃ》を失《うしな》はん時は師子王《ししおう》の如《ごと》くなる心をもてる者必ず仏になるべし」(御書957ページ)とあります。

この御金言通り、一部の政治権力と週刊誌などのマスコミが、反逆者や日顕《にっけん》宗《しゅう》一派らと結託《けったく》して学会攻撃を仕掛《しか》けてきたのです。青年部はまさしく、「師子王の心」を奮《ふる》い起こして猛然《もうぜん》と抗議《こうぎ》に立ち上がりました。デマを打ち破っていくには、「一」言われたら「十」言い返す気迫で、正義の言論戦を展開していく以外にないからです。

権力による宗教弾圧《だんあつ》は絶対に許さないという学会青年部の心意気を示そうと、

東京、大阪、三重、新潟など各地で次々と草の根の正義の陣列を広げる抗議集会を開催しました。

そして、「週刊新潮」のデマ記事が国会で取り上げられた約1カ月後の11月5日には、東京ドームに、正義の怒《いか》りを燃やす首都圏青年部の代表ら5万5000人が集結し、「VOICE OF FREEDOM――ストップ・ザ・人権侵害《じんけんしんがい》」のテーマのもと、抗議の総会を開催しました。

ここには、青年部の人権闘争に賛同する大学教授をはじめとする識者も出席。さらに世界の識者からも応

宗教弾圧に対して正義の論陣を張った青年部の総会（1994年11月5日、東京ドームで）

援のビデオメッセージを頂戴《ちょうだい》しました。

私自身、「信教の自由」を含《ふく》む「精神の自由」を保障《ほしょう》することが民主主義社会の基礎であることを踏《ふ》まえ、宗教者の社会的な使命は、そうした自由を阻《はば》む権力の横暴《おうぼう》と戦い抜いていくことだと訴《うった》えました。

そして、「信教の自由」に関わる「青年部アピール」を皆《みな》の賛同をもって採択し、不当な宗教弾圧《だんあつ》、人権侵害《じんけんしんがい》と戦い抜く大きな一歩を踏み出したのです。

一部の政治家やマスコミによる学会弾圧
――東村山市議転落死事件

――前回は、1994年（平成6年）の、学会への常軌《じょうき》を逸《いっ》した宗教弾圧《だんあつ》について語っていただきました。

読者から「電車に乗ると、中づり広告に学会の悪口が書かれていたことを思い出しました。当時は分からない部分も多くありましたが、この連載を読み、事実が整理され、しっかり認識できました」「『師弟不二』の精神と、『異体同心』の信心があれば、障魔《しょうま》を破《やぶ》り、正しく大聖人の仏法を弘《ひろ》めていくことができるのだと、改めて痛感しました」などの感想も寄せられました。今回は激動の95年（同7年）をクローズアップしてお話を伺《うかが》えればと思います。

現在、世界各地で新型コロナウイルスの感染《かんせん》拡大が続き、かつて人類が経験したことのない状況に直面しています。振り返ると、95年も「阪神《はんしん》・淡路大震災《あわじだいしんさい》」「地下鉄サリン事件」など〝国難《こくなん》〟ともいえる災害・事件が起こり、人心《じんしん》が大きく揺れ動いた年でした。

マグニチュード7・3の「阪神・淡路大震災」が発生したのは1月17日の早朝。高速道路や鉄道の高架橋《こうかきょう》、住居をはじめ駅や多くのビルが瞬時《しゅんじ》に崩《くず》れ落ち、ライフラインも絶《た》たれました。犠牲者は6000人以上でした。

大規模《だいきぼ》災害の人命救助において、生死を分けるのは、発災《はっさい》から72時間といわれますが、政府の初動《しょどう》はあまりにも遅かった。「緊急事態」であれば自治体の要請を待たず、政府は自衛隊を派遣できましたが、それを行わず、自衛隊が本格的に被災地で行動を開始したのは発災から半日以降。現地に対策本部が設置されたのは5日後というありさまでした。その危機管理能力のなさは、首相、閣《かく》僚《りょう》の発災直後の動きにも明らかでした。

地震の翌日、火災が収束《しゅうそく》せず、被害が拡大する中、村山首相は財界人とホテルで悠々《ゆうゆう》と朝食会を行っていました。

所信表明演説で「人にやさしい政治」（94年7月）などと語っておきながら、被災地に入ったのは海外の救助隊よりも遅い19日。〝スイスの捜索犬《そうさく》より遅い現地入り〟とメディアからも揶揄《やゆ》されました。

さらに、ある閣僚は18日に被災地を視察し、目を覆《おお》うような惨状《さんじょう》を目《ま》の当《あ》たりにしていながら、翌日には、わずかな時間の選挙応援演説のため青森へ。帰京後の同日夜には学会弾圧《だんあつ》を企《たくら》む野合《やごう》集団「四月会」の一員だった宗教団体の新年会にまで顔を出していた。

こうした「党利党略《とうりとうりゃく》」を優先する政治家が学会攻撃に狂奔《きょうほん》していたのです。

一方、学会は即座に対策に立ち上がりました。地震直後、早朝でしたが私も学会本部に出勤すると、すぐに池田先生から「これは大変な災害だ。総力を挙げ、支援し、激励《げきれい》していこう」とのお話がありました。

先生は学術機関での講演やメンバー指導のため、数日後にハワイに行かれる予定でしたが、その日程をギリギリまで延期され、その後も励《はげ》ましを送り続けられました。

学会は、先生のお心のまま、会長を中心に救援《きゅうえん》活動に当たりました。発災《はっさい》当日の午前8時には「災害対策本部」を設置。すぐに兵庫県内の各会館を〝避難《ひなん》所《じょ》〟として開放することを決めました。さらに、関西方面と連携《れんけい》を取り、必要な救援物資を確認、各地の同志に呼び掛《か》け、その日のうちに、〝避難所〟となった会館に救援物資の輸送を始めました。被災者に物資を運んだのは、関西男子部の有志による〝バイク隊〟でした。通常の交通網《こうつうもう》が機能不全《ふぜん》に陥《おちい》った街を走り抜けるには、バイクが有効だと考え、結成されたものでした。〝バイク隊〟には、1週間だけで2500人を超える同志が参加してくださいました。それだけではありません。全国のドクター部や白樺会《しらかばかい》・白樺グループ（看護者《かんごしゃ》の集い）の同志は震災《しんさい》翌日から次々と各避難所に駆け付け、24時間態勢で救護に当たってくださいました。

私自身も、被災地に入り、激励《げきれい》に当たりました。ある男子部メンバーは学会員さんからの救援物資であるジャンパーを着ていましたが、そのポケットの中には飴玉《あめだま》が入っていたと教えてくれました。「寒くて困っているだろうということで、着ていたものを、そのまま送り届けてくれたんだと思います」と心から感謝していました。今でも忘れることができない出来事です。

学会のこうした〝真心の連携プレー〟には、被災者から感謝の声が絶《た》えませんでした。

「対応が遅れた行政に比べ、学会さんはどこよりも信頼できます。学会の素晴らしさがよく分かりました」「私が手に入れることができた支援物資は学会からのものです。政府より学会の

1995年1月17日の「阪神・淡路大震災」で、発災直後から救援活動にフル回転した男子部の友。被災地の各会館も一時的な避難所として開放された（神戸市中央区の兵庫池田文化会館で）

方たちのほうが、てきぱきとよくやってくれました」と。
一方、被災地にある日顕宗《にっけんしゅう》の末寺は、倒壊《とうかい》などの被害を免《まぬか》れたにもかかわらず、救済を求めた被災者を受け入れず、ある住職は、救援《きゅうえん》活動などそっちのけで、さっさと大阪にある女房《にょうぼう》の実家に移り住むというありさまでした。

学会への抑圧狙った宗教法人法「改悪」

——3月20日にはオウム真理教による「地下鉄サリン事件」が発生。日本中に戦慄《せんりつ》が走りました。

午前8時ごろ、通勤ラッシュで混み合う日比谷線、丸ノ内線、千代田線の地下鉄車内でオウム真理教の信徒5人が猛毒ガス「サリン」を散布《さんぷ》。化学兵器を使った無差別テロ事件でした。14人の尊《とうと》い命が奪《うば》われ、6000人余りが重軽傷を負《お》い、25年たった今でも重い後遺症に苦しむ方々もいます。

その後の警察の捜査《そうさ》によって、同教団による、信者の拉致《らち》・監禁《かんきん》、殺人事件までが明らかになりました。さらには、オウム真理教被害者の救済に力《ちから》を注《そそ》いでいた弁護士一家殺害事件（89年11月）、8人の死者を出した松本サリン事件（94年6月）などの犯罪も同教団によるものだったことが判明しました。次々と明るみに出る凶悪《きょうあく》な犯罪集団の恐るべき実態に、国中が騒然《そうぜん》とする中、「四月会政権」は「オウム事件の再発防止」に名を借りて、「宗教法人法」改正を企《たくら》み、4月に論議《ろんぎ》をスタート。当初は重要な問題だけに、3年程度の十分な時間をかけ、審《しん》議《ぎ》を尽《つ》くすとしていました。

そうした中、7月には、今後の政治動向を占《うらな》う参議院選挙が行われました。前回、触《ふ》れたように94年、マスコミや国会質問で、デマによる学会攻撃、人権《じんけん》侵害《しんがい》が繰《く》り返されており、青年部は正義の怒《いか》りに燃えていました。「仏法は勝負」との一念で、声を惜《お》しまず、「四月会政権」の実態と目論見《もくろみ》を語り抜き、賢明《けんめい》な民衆の連帯を拡大していきました。そして、国民不在の「四月会政権」に有権者の審判が下されました。

公明党の一部が加わった新進党が自民党を上回る最多の得票をし、与党は大敗。一般紙も「自社敗北　新進が躍進《やくしん》」「村山連立に大打撃」などと報じていました。するとと、政権維持《いじ》への危機感を募《つの》らせた「四月会政権」は、「宗教法人法」改正への論議《ろんぎ》の様相《ようそう》を一変させ、一気に法改正という名の「改悪」に動きだしたのです。

そもそも「宗教法人法」とは、思想統制によって軍国主義への暴走を許し、日本が悲惨《ひさん》な戦争を起こした反省を踏《ふ》まえて、憲法が規定する「信教の自由」を保障《ほしょう》するために制定された重要な法律です。

それを、「国家が宗教に介入《かいにゅう》し監督する」などという正反対の法律に「改悪」しようとしていました。これは、思想統制の暗黒時代に逆戻りする危険をはらんだ暴挙《ぼうきょ》だったのです。しかも、その狙《ねら》いが次の衆院選をにらみ、学会を牽制《けんせい》し、抑圧することにあったのは明らかでした。事実、一般紙では選挙大敗後の自民党議員の発言として、「創価学会が困るような改正はできないか、これから知恵を絞《しぼ》りたい」と報じていました。

悪逆の〝デマ騒動〟を木っ端みじんに粉砕

――この「改悪」の流れと時を同じくして、またしても、週刊誌のデマ記事を使った反学会キャンペーンが展開されました。

95年9月、東京・東村山市の朝木明代市議（当時）が、マンションの6階から転落死しました。朝木は7月、市内の洋品店での万引き事件の窃盗《せっとう》容疑で、書類送検されていました。

検察への出頭が数日後に控《ひか》えていたこと、さらに、他殺を疑《うたが》わせる状況証拠が皆無《かいむ》であることなどから、警視庁東村山署は自殺の疑いが濃厚と判断。同署は12月、最終的な捜査《そうさ》結果を「飛び降り自殺」と断定したのです。

だが、一部の週刊誌は、朝木が学会中傷《ちゅうしょう》を繰《く》り返していた議員だったことに目を付け、あたかも学会による〝他殺〟だったかのようなデマ記事を掲載《けいさい》。特に悪質だったのが、「夫と娘が激白《げきはく》！『明代は創価学会に殺された』」などと学会の名誉《めいよ》を著《いちじる》しく毀損《きそん》する大見出しを掲《かか》げた「週刊現代」（9月23日号）でした。

記事では、「学会はオウムと同じ」「自殺したようにみせて殺すのです。今回で学会のやり方がよくわかりました」「妻が万引き事件で逮捕《たいほ》されたことも、学会におとしいれられただけ。万引き事件で悩み、それが原因で自殺したというシナリオを作ったんです」など、夫と娘の荒唐無稽《こうとうむけい》な作り話を羅列《られつ》。オウム真理教事件にダブらせ、さも学会が同じような犯罪集団であるかのように印象づける極《きわ》めて悪質な捏造《ねつぞう》記事だったのです。

当然、学会は「週刊現代」に厳重《げんじゅう》に抗議《こうぎ》するとともに、同誌と朝木の夫と娘らを訴《うった》えました。

しかし、国民のオウム真理教への危惧《きぐ》と怒《いか》りを狡猾《こうかつ》に利用した学会攻撃は繰《く》り返されていきました。

一部の自民党議員は国会質問で「週刊現代」のデマ記事を蒸《む》し返し、あたかも学会が犯罪集団であるかのごとく、事実無根《むこん》の中傷《ちゅうしょう》を行い、また、反学会のブラックジャーナリストらのグループは、〝学会はオウムより恐ろしい〟などと書かれた中傷ビラをまき散らしていました。

日顕宗《にっけんしゅう》も、オウムへの国民感情を悪用した学会攻撃に便乗《びんじょう》して、この中傷ビラを各地で各戸配布していました。さらに11月には、阿部日顕の「シアトル事件」に関して宗門《しゅうもん》は、学会がアメリカ政府のコンピューター・データベースに虚偽《きょぎ》の情報を埋め込む〝犯罪〟を行ったなどと主張。わざわざ記者会見まで開いた上、この荒唐無稽なデマを掲載《けいさい》した機関紙「大白法」号外を大量に作り、全国の公共機関、首長や議員、法曹《ほうそう》関係者などに送付する異常な行為《こうい》に及んでいました。

あまりに悪質な行為に対し、学会は名誉毀損で日蓮正宗と日顕を訴えました。

このように、学会攻撃を目論《もくろ》む勢力が野合《やごう》し、デマにデマを重《かさ》ねる誹謗《ひぼう》中傷が繰《く》り返され、ついには、12月に宗教法人法「改正」案が成立しました。しかし、青年部は本部幹部会や座談会、各種会合等で悪を悪と言い切る正義の言論戦に徹《てっ》し抜きました。「一」言われたら「十」言い返す。これがデマを打ち破《やぶ》る勝利の方程式であるからです。

そして、学会は微動《びどう》だにすることなく、善の連帯は飛躍的に拡大していきました。聖教新聞や創価新報にも、日本はもとより世界から、宗教弾圧《だんあつ》を糾弾《きゅうだん》し、人権《じんけん》のために戦う学会への共感の声が相次《あいつ》ぎました。

〝創価学会は従来《じゅうらい》の既得権益《きとくけんえき》のシステムとは無縁《むえん》の大衆組織として発展してきた。これは権力にしがみつこうとする勢力から見れば、実に恐ろしい存在に映《うつ》るわけである。一部のマスコミが学会叩《たた》きに躍起《やっき》になるのは、そうした背景を自《みずか》ら鮮明に映し出している〟（新潟大学教授）

〝自分の力《ちから》で考え、自分の眼でものごとを判断していくことを促《うなが》す運動を、政治権力は恐れ、嫌《きら》うものです。今回の政治権力による学会に対する批判《ひはん》も根は同じで、民衆の自立の運動を嫌う、政治権力からの反動である〟（米国・デラウェア大学教授）と。

さらに、「東村山市議転落死事件」のデマ報道に対し、学会が提訴《ていそ》した名誉毀《めいよき》損《そん》裁判では、3件全てにおいて、学会側の全面勝訴《しょうそ》が確定（2001年5月・12月、2002年10月）。特に悪質な「週刊現代」のデマ報道について最高裁は、発行元の講談社と事実無根《むこん》のコメントを寄せた朝木の夫・娘に対する高額賠償《ばいしょう》に加え、同誌に謝罪広告の掲載《けいさい》も命じるなど、一連の学会弾圧が厳《きび》しく断罪されたのです。

また、宗門《しゅうもん》の悪質なデマについては、裁判所が日顕と宗門に連帯して400万円の支払いを命じました（2003年9月、最高裁で確定）。

「火のないところに煙《けむり》を立てた」悪逆非道のデマ騒動《そうどう》は、法廷の場でも木っ端《こぱ》みじんに打ち砕かれたのです。

一部の政治家やマスコミによる学会弾圧

――狂言事件

――前回は、１９９５年（平成７年）の学会弾圧《だんあつ》について伺《うかが》いました。その後も、デマにデマを重《かさ》ねた学会攻撃は繰《く》り返されました。

当時、日本はバブル経済の崩壊《ほうかい》の影響で戦後最悪の失業率を記録するなど経済は停滞《ていたい》していました。さらに、オウム真理教事件や薬害エイズ事件などの社会問題もあり、さまざまな面で国民のための改革が強く求められていました。しかし、当時の政権は国民不在の「党利党略《とうりとうりゃく》」に明け暮《く》れ、一部の与党議員にいたっては、政権を維持《いじ》するため、対抗《たいこう》政党の支援団体である学会を攻撃することに血眼《ちまなこ》になっていました。

96年（平成8年）、退転・反逆者らが宗門《しゅうもん》一派と結託《けったく》し、新たな攻撃材料として、前代未聞《ぜんだいみもん》の「人権侵害事件《じんけんしんがい》」をでっち上げてきました。

「週刊新潮」が2月22日号を皮切りに学会を貶《おとし》めようと「狂言手記《きょうげん》」を掲載《けいさい》したのです。すなわち、北海道・函館《はこだて》の信平信子という脱会者が〝3度の事件〟なるものをでっち上げた「作り話」である。

その内容たるや、一見して全くの荒唐無稽《こうとうむけい》な代物《しろもの》でしたが、実際に事実検証してみると、〝現場〟と称《しょう》する建物がその当時は「存在しない」、いたという時刻に本人がそこに「いない」等々、噴飯《ふんぱん》ものの作り話に終始していました。

そのことは、航空写真などの客観的な証拠や現場にいた人たちの明確な証言で明らかになっていきました。

そもそも、この信平信子は、夫が学会内で禁じられている金銭貸借《たいしゃく》を繰り返していたことに、役職を利用して絡《から》んでいた。その悪行《あくぎょう》が明らかになり（実際、その後、夫は裁判所から5000万円にのぼる返済命令を受けている）、92年（平成4年）5月、夫婦は学会役職を解任された。それを逆恨《さかうら》みして、93年（同5年）12月に脱会。

その後、日顕宗《にっけんしゅう》の檀徒《だんと》にもなっていました。

新潮の記者は掲載《けいさい》前に信平のもとを訪《おとず》れていますが、そこに、なんと日顕宗の妙観講幹部も同席し、謀議《ぼうぎ》を巡《めぐ》らせていました。また、新潮の記事が発売された翌日付で発行された宗門《しゅうもん》の機関紙「慧妙《えみょう》」（96年2月16日付）には、「緊急予告ついに発覚!! 潰滅《かいめつ》的悪行《あくぎょう》」「近く報道を開始の予定！」と、この「狂言《きょうげん》手記」の宣伝までなされていました。

印刷に要する時間を考えれば「週刊新潮」に手記が掲載・発表になる前から、内容と掲載の事実を知っていたことは明らかであり、宗門関係者の強い関与《かんよ》を裏付ける証拠となったのです。さらに「民主政治を考える会」なる反学会グループは、手記をネタにしたビラを大量に作成し、日顕宗の檀徒が各地でばらまいていました。

そして、新潮の発売からわずか4日後、ある自民党の代議士は、予算委員会の理事会で、この「狂言手記」を取り上げ、5月には、別の自民党の代議士が、国会の場で、池田先生の証人喚問《かんもん》を要求するなど、学会攻撃に血道《ちみち》を上げていました。また、自民党の機関紙「自由新報」には、4回にわたって、信平夫婦に関する虚偽捏造《きょぎねつぞう》の記事が掲載されました。

つまり、「狂言手記」は、宗門と反逆者の謀略《ぼうりゃく》に、「週刊新潮」が加担《かたん》し、一部政治家が利用するという〝学会攻撃ありき〟の産物《さんぶつ》だったのです。

これは、釈尊《しゃくそん》や日蓮大聖人の時代から変わらぬ、正法の行者《ぎょうじゃ》に対する迫害の構図そのものです。悪の輩《やから》は、「世間の失《とが》」が一分もない正義の人に対し、「世間の失」を捏造し、社会的抹殺《まっさつ》を企《くわだ》てる――広布破壊《はかい》の卑《いや》しき常套《じょうとう》手段なのです。

どす黒い企ては続きました。極悪夫婦は、「狂言手記」を使い、民事訴訟《そしょう》まで起こしてき

宗門の機関紙「慧妙」(1996年2月16日付)。脱会者の狂言手記に当初から日顕宗が関与していたことを裏付ける証拠となった

たのです。

その際、学会は客観的な証拠によって、「作り話」であることを明快に暴《あば》き、既《すで》に機関紙に報じていたので、信平夫婦は〝事件〟の根幹をなす日時と場所について、変更を加えたり、あいまいにしたりして、訴訟《そしょう》を起こしていました。常識では考えられない苦し紛《まぎ》れの手口でした。

しかも、この狂言《きょうげん》夫婦は「日本外国特派員《とくはいん》協会」を利用し、海外のメディアに向けて、記者会見まで行い、〝騒《さわ》ぎ〟を大きくしていました。

裁判では、このデタラメな主張が学会側弁護団の提示する明確な証拠によって、次々と突き崩《くず》され、狂言夫婦は、まともな反論すらできませんでした。揚《あ》げ句《く》の果ては、裁判の過程でも、事件なるものの日時や場所を、コロコロと変え、さらに回数まで変更するなど、核心部分が、最後までグラグラで、日時、場所を特定することさえ、まともにできませんでした。

この事実が、全くの「作り話」であることを雄弁《ゆうべん》に物語っていました。

大聖人は、「何《いず》れの月・何れの日・何れの夜の何れの時に」（御書３１９ページ）と、客観的な証拠を示せないものは、ことごとく大妄語《もうご》であると、痛烈に破折《はしゃく》されていますが、「跡形《あとかた》も無き虚言《そらごと》なり」（同1153ページ）、「そねみ候人《そうろうひと》のつくり事《ごと》」（同1157ページ）とある通りの「狂言」の典型だったのです。

ウソつき夫婦を担《かつ》ぎ、「狂言訴訟」を起こしてきた悪の野合《やごう》集団の狙《ねら》いは、学会を貶《おとし》めるデマを、ともかく、拡散し続けることでした。刑事告訴《けいじこくそ》であれば、警察の捜査《そうさ》によって、すぐに狂言夫婦のウソが露見《ろけん》する一方、民事なら、形式さえ整《ととの》っていれば、裁判を起こすことができます。当初から関わっていた新潮の記者が〝刑事訴訟は無理だ。民事でいくしかない〟と進言し、騒ぎを大きくする時間稼《かせ》ぎのために、あえて民事訴訟を起こしてきたのです。

事実、「週刊新潮」は、極悪夫婦が提訴《ていそ》したことや、裁判の様子などを取り上げて、学会のイメージダウンを図《はか》るための偏向《へんこう》報道を30回以上にわたって繰《く》り返していました。断じて許すことのできない非道な人権侵害《じんけんしんがい》だったのです。

ジャーナリズムの暴走による報道被害の実態

――当時、この「週刊新潮」に象徴《しょうちょう》されるように、平然と多くの市民の人権《じんけん》を侵害《しんがい》する、〝言論の暴力〟は目に余るものがありました。なぜ、このような愚《ぐ》行《こう》は繰《く》り返されたのでしょうか？

マスコミに認められる「報道の自由」とは、国民一人一人の「基本的人権」を保障《ほしょう》するために認められたものです。民衆を守るための「報道の自由」をたてに、無責任なデマを発信し、一市民の人権を侵害することなど断じて許されていいはずはありません。それは憲法の精神を踏《ふ》みにじる〝犯罪行為《こうい》〟にほかなりません。しかし、なぜ、こうした不当な行為が繰り返されてしまうのか。それは、商業主義に走り、いとも簡単に権力に迎合《げいごう》してしまう一部マスコミが持つ体質のゆえでしょう。

その典型的な例が、「松本サリン事件」（94年）における報道でした。

事件の第一発見者で被害者だった河野義行さんが、新聞によって、犯人に仕立て上げられ、週刊誌、テレビへと広がりました。これは、まだ捜査《そうさ》段階で確証の無かった警察の情報を聞きつけた新聞記者が裏付けも取らずに記事にし、他のマスコミも一斉《いっせい》にそれに歩調《ほちょう》を合わせたものでした。マスコミという巨大な力《ちから》が不確かな情報に踊《おど》り、名も無き一市民の人権を大きく侵害したとして、社会問題になりました。

また、一部週刊誌による商業主義の象徴《しょうちょう》の最たるものが、新聞広告や電車の中づり広告に見られるセンセーショナルな見出しでしょう。デマであれ、臆測《おくそく》であれ、読者の目を引き、売れそうな大見出しを掲《かか》げる。すると、それを見た人々の心には、事実とは異なった悪印象のみが焼き付けられることになります。社会の害毒《がいどく》以外の何物でもないのです。

こうしたマスコミの暴走を許す背景には、日本社会の法制度の問題もあります。例えば、当時は民事上の名誉毀損訴訟《めいよきそんそしょう》で「報道被害」が認められたとしても、賠償額《ばいしょうがく》は100万円から200万円程度と極《きわ》めて少なく、これでは、一部マスコミは賠償金《ばいしょうきん》を負担しても売り上げを上げた方が良いという経営判断になりかねません。現に「週刊新潮」の関係者は〝損害賠償も必要経費のうち〟などとうそぶく始末《しまつ》でした。

一方、人権《じんけん》意識が高い欧米などでは、報道被害から市民を守る制度が整備されています。アメリカでは「懲罰《ちょうばつ》的損害賠償制度」があり、民事訴訟《そしょう》で一度でも名誉毀損《めいよきそん》で敗訴《はいそ》すると、悪質な場合には、会社がつぶれるような高額な賠償額を請求されるケースも少なくありません。しかし、当時の日本は、報道被害を監視する社会システムが脆弱《ぜいじゃく》であり、人権擁護《ようご》の意識が低いと国内外から批判《ひはん》される状況でした。

そうした中、池田先生は96年6月13日、教育者養成の最高峰の学府である米コロンビア大学ティーチャーズ・カレッジで「世界市民」教育をテーマに講演を行いました。

同カレッジで教壇《きょうだん》に立った世界的な哲学者ジョン・デューイ博士の教育哲学に深く共鳴していた牧口先生が戦時中、人権闘争を貫《つらぬ》いて殉教《じゅんきょう》したことにも触《ふ》れつつ、「人間」を育《はぐく》む教育の重要性に言及《げんきゅう》。優《すぐ》れた人権感覚を身に付けた世界市民を育むための教育理念などについて縦横《じゅうおう》に語られ、今でも、その内容に対し、世界の知識人から大きな共感を呼んでいます。

司法制度を悪用した訴権《そけん》の濫用《らんよう》として断罪

――当時の青年部は、卑劣《ひれつ》な言論の暴力が繰《く》り返された事態に対し、どう戦っていったのでしょうか?

「湿《しめ》れる木より火を出《いだ》し乾《かわ》ける土より水を儲《もう》けんが如《ごと》く強盛《ごうじょう》に申すなり」（御書1132ページ）の御金言のまま、真剣な祈りを重《かさ》ねながら、悪質なデマに対し、明確な正義の言論で応戦していきました。

まず私たち青年部一人一人が、身近な人脈を通し、正邪《せいじゃ》を明らかにする対話を展開することに全力を注《そそ》ぎました。さらに悪質な記事を掲載《けいさい》した新聞社や出版社を直接訪問し、編集部に面会を求め、事実の誤《あやま》りや矛盾《むじゅん》を指摘し続けていきました。

こうした中、実際に狂言《きょうげん》夫婦から金銭被害を受けた方々が中心となり、その悪の実態を暴《あば》いた証言集「もう黙《だま》ってはいられない！」が発刊されるという動きもありました。さらに、報道被害を繰《く》り返す日本のジャーナリズムに警鐘《けいしょう》を鳴らし、「第三者機関」の設置などを提唱《ていしょう》していた学者や運動機関によって、この週刊誌を使った学会攻撃を悪質な人権侵害《じんけんしんがい》の事案《じあん》として取り上げる書籍も次々と出版されていきました。

また、青年部として各地で大学教授ら識者を招《まね》き、人権や報道被害に関する講演会を次々と開催。人権意識を高める民衆のスクラムはより強固になり、学会の思想と行動に対し、「『国家権力からの解放』が『人権』の歴史的意義である以上、人権意識の成熟《せいじゅく》はおのずから国家という枠組みを超えた地球市民としての意識の成熟と表裏の関係にある。したがって、世界の人々とともにグローバルな運動を展開するＳＧＩが、初代会長以来、国家権力から人々の『人権』

を守り抜いてきた史実も、また当然の帰結《きけつ》であろう」（神戸市外国語大学教授〈当時〉）等々、称賛《しょうさん》の声が相次《あいつ》ぎました。

一方、狂言夫婦が起こした不当な訴訟《そしょう》は、当然のことながら、司法の場でも、すぐにそのウソの実態が暴かれ、敗訴《はいそ》は確実となっていきました。

すると、この「作り話」を学会攻撃に使っていた自民党は機関紙「自由新報」の98年（平成10年）4月28日付に、広報本部長名で「法律的にみれば、指摘された諸点《しょてん》には明らかに行き過ぎがあり、将来法律上の問題を引き起こしかねない部分が含《ふく》まれていたことは否定できません」「虚偽《きょぎ》をあたかも容認《ようにん》することになった点は不適切であり、申しわけなかったと考え、遺憾《いかん》の意を表します」と、その非を全面的に認めるコメントを掲載《けいさい》。

また、自民党総裁の橋本首相（当時）自《みずか》ら、学会本部に電話をかけて、池田先生と学会に謝罪をしたのです。

そして5月26日、ついに東京地裁《ちさい》が、信平信子の訴《うった》えの全部と夫の訴えの一部について、時効《じこう》等により審理《しんり》の対象にならないとして学会側の〝完全勝利〟

の判決を下した。直後の6月1日、橋本首相は学会本部に電話をかけ、二度目の謝罪をし、当時の自民党幹事長も、記者懇談《こんだん》会の場で、池田先生と学会に対し、公式に陳謝《ちんしゃ》しました。併《あわ》せて、先生に証人喚問《かんもん》を要求してきた自民党のある代議士は、学会の会館を訪《おとず》れ、謝罪しました。

この判決は99年（平成11年）7月、東京高裁《こうさい》で控訴《こうそ》棄却《ききゃく》。信平側は上告《じょうこく》をせず、学会側の勝利が確定しました。

しかし、この事案《じあん》について裁判所が本当に示したかったのは、残された夫の訴《うった》えに対する2000年（平成12年）5月30日に下した東京地裁《ちさい》の判決です。

その判決では、狂言《きょうげん》夫婦の話を一つ一つ慎重《しんちょう》に審査《しんさ》し、「本件各事件の事実的根拠《こんきょ》が極《きわ》めて乏《とぼ》しい」と断罪。学会側の主張を全面的に認め、信平側の訴えは「実体的権利の実現ないし紛争の解決を真摯《しんし》に目的とするものではなく、被告に応《おう》訴《そ》の負担その他の不利益を被《こうむ》らせることを目的」にしたものと鋭《するど》く糾弾《きゅうだん》していました。

また、「原告の主張する権利が事実的根拠を欠き」「したがって、本件訴えは、訴権《そけん》（裁判を起こす権利）を濫用《らんよう》するものとして不適法なもの」と断定。さらに、この裁判を進めること自体が、「かえって原告の不当な企《くわだ》てに裁判所が加担《かたん》する結果になりかねない」と、信平側の「謀略《ぼうりゃく》」を見破《みやぶ》り、「訴権の濫用」（裁判を起こす権利の悪用）として、訴えを却下《きゃっか》したのです。100万件に1件といわれる極めてまれな判決が、この人権侵害《じんけんしんがい》事件の悪辣《あくらつ》さを物語っています。

この一審判決を東京高裁も支持。最高裁でも維持《いじ》され、確定しました（01年6月26日）。狂言夫婦を担《かつ》ぎ出し、日本のみならず世界にもデマを拡散し、大騒《さわ》ぎした事件は、日本の法曹《ほうそう》史上に残る、司法制度を悪用した悪質な謀略として永遠に刻印《こくいん》されることとなったのです。

破邪顕正の魂を継承

小説『新・人間革命』に学ぶ②

権力と「邪法の僧」が結託して正法を破壊

〈山本伸一の会長就任《しゅうにん》5周年となる1965年（昭和40年）5月3日、本部総会が開かれた。当時、創価学会は驚異的《きょういてき》な勢《いきお》いで広布を推進《すいしん》。また前年の64年には、多様な大衆の味方となって平和と福祉《ふくし》に尽《つ》くす公明党が結党された。新しい民衆勢力の台頭《たいとう》に恐れをなす既成《きせい》の宗教団体や政党は、〝学会憎《にく》し〟の結託《けったく》の動きを見せていた。伸一はその本質について言及《げんきゅう》する〉

この年の七月に予定されている参議院議員選挙に、既成仏教の各派や新興の宗教教団が、代表を立候補させる予定でいることに言及していった。

「それらの教団は、これまで、学会が同志を政界に送ってきたことに対して、宗教の政治への介入《かいにゅう》であると、激しく非難《ひなん》してきたのであります。

ところが、今度は、なんの臆面《おくめん》もなく、自分たちが代表を政界に送ろうというのです。しかも、ほとんどが政権政党からの立候補なんです。

大聖人の御在世《ございせ》当時、極楽寺良観《ごくらくじりょうかん》をはじめとする謗法《ほうぼう》の僧らが、幕府の政治権力と結託し、大聖人を迫害しましたが、それに等しい構図が、つくられようとしているといえます。

しかし、私どもは、どこまでも民衆の味方として、民衆とともに、民衆の勝利のために、前進してまいろうではありませんか！」

（中略）

既成政党は、創価学会が公明党を誕生《たんじょう》させ、その公明党が衆議院への進出を明らかにしたことから、自分たちの存在基盤を危《あや》うくするものとして、ますます学会への警戒心を強めていた。

そして、保守系の政党のなかには、宗教団体の票に目をつけ、各教団と手を結び、新たな活路を開こうとする動きが出始めていたのである。

一方、折伏《しゃくぶく》を恐れ、学会を排斥《はいせき》しようと躍起《やっき》になってきた各教団は、学会が母体となって結成した公明党には強い反発があり、その前進を、なんとしても阻止《そし》したかったようだ。

ともあれ、〝学会憎《にく》し〟の感情と利害によって、政権政党と各教団とが結びつき、参議院議員選挙に候補者を立てることを表明していたのである。

伸一は、この動きから、やがて、政治権力と各教団とが一緒になり、学会攻撃の包囲網《ほういもう》がつくられかねないことを懸念《けねん》していた。

「佐渡《さど》御書」には、「悪王の正法を破《やぶ》るに邪法《じゃほう》の僧等《そうら》が方人《かたうど》をなして」（御書九五七ページ）と仰《おお》せである。

現代に即して考えれば、「悪王」とは邪《よこしま》な政治権力であり、その権力が正法を滅《ほろ》ぼそうとする時に、「邪法の僧等」がこれに味方して、徒党《ととう》を組んで、正法の人に集中砲火を浴《あ》びせると言われているのである。

（中略）

大聖人の時代から、権力に宗教が群《むら》がり、それらが徒党を組んで正法に牙《きば》をむくという構図は、決して変わることはない。

山本伸一は、公明党が選挙で議席を伸ばし、力《ちから》をつけていけばいくほど、既《き》成《せい》政党も、各教団も、学会への反発の度を強め、早晩《そうばん》、学会への激しい攻撃がなされるであろうことを、覚悟しなければならなかった。

（小説『新・人間革命』第10巻「言論城《げんろんじょう》」の章、43～46ページ）

デマを打ち破れ！　真実を語り抜け！

〈1962年（昭和37年）6月3日、山本伸一は中国本部の幹部会に出席。終了後の地区部長会で権力をほしいままにする平左衛門尉頼綱《へいのさえもんのじょうよりつな》を諫《いさ》めた「一昨日《いっさくじつ》御書《ごしょ》」の講義を通し、法華経の行者《ぎょうじゃ》を陥《おとしい》れる讒言《ざんげん》による迫害について語る〉

「大聖人が北条時頼《ほうじょうときより》や平左衛門尉《へいのさえもんのじょう》らを諌暁《かんぎょう》されなければ、あのように陰険《いんけん》な策謀《さくぼう》がめぐらされ、迫害が競《きそ》い起こることはなかったといえます。しかし、民衆の苦悩を救うには、社会的に最も大きな影響力をもつ為政者《いせいしゃ》の考え、生き方を正さざるをえなくなってくる。

だが、一般的にも忠言《ちゅうげん》は耳に逆《さか》らうし、権威《けんい》、権力に平伏《へいふく》しない屹立《きつりつ》した人格の人を、権力者は憎悪するものです。実は、それ自体が権力者の傲慢《ごうまん》であり、権力の魔性《ましょう》なのです。

そして、権力に取り入ってきた極楽寺《ごくらくじ》良観《りょうかん》や念仏者たちは、もし、時頼らが、大聖人の諌言《かんげん》を受け入れ、正法に帰依《きえ》してしまったら、自分たちへの庇護《ひご》や特権も打ち切られてしまうのではないかという、恐れをいだいた。

そこで、大聖人を大悪人に仕立てあげようとする。だが、もともと、『世間の失一分《とがいちぶん》もなし』（御書九五八ページ）と仰《おお》せのように、大聖人は、悪いことなど何一つしていません。

だから、彼らは、自分たちが人を使って、放火や殺人などの事件を起こし、それを日蓮の弟子たちの仕業《しわざ》であると言って騒《さわ》ぎたて、大聖人を佐渡《さど》に流罪《るざい》しようとしたのです。

つまり、無実の罪をつくりあげ、大悪人に仕立て、断罪するというのが、いつの世も変わらぬ弾圧《だんあつ》の図式です」


（中略）


「讒言《ざんげん》というのは、正義を陥《おとしい》れる常套《じょうとう》手段であり、学会を取り巻く、今日《こんにち》の社会の状況も全く同じです。

私たちは、日本の国をよくし、人びとを幸福にし、世界を平和にしようと、懸命《けんめい》に働いてきました。これほど、純粋で、清らかな、誠実な団体は、ほかにはないではありませんか。

その誠実な人間の集いである学会を、一部のマスコミなどが、暴力宗教であるとか、政治を牛耳《ぎゅうじ》り、日本を支配しようとしているとか、盛んに中傷《ちゅうしょう》、デマを流しています。そして、社会は、それを鵜呑《うの》みにして学会を排斥《はいせき》しようとする。

讒言による学会への攻撃です。

ゆえに、広宣流布の道とは、見方によっては、讒言《ざんげん》との戦いであるともいえます。讒言の包囲網《ほういもう》を破《やぶ》り、仏法の、また学会の真実を知らしめ、賛同と共感を勝ち取る言論の戦いであり、人間性の戦いです。

本来、学会の勝利は明らかなのです。なぜならば、いかに、嘘《うそ》、偽《いつわ》りを重《かさ》ねても、真実を覆《くつがえ》すことは絶対にできないからです。御聖訓《ごせいくん》にも『悪は多けれども一善《いちぜん》にかつ事なし』（御書一四六三ページ）と仰《おお》せではないですか。

しかし、どんなに荒唐無稽《こうとうむけい》な嘘であっても、真実を知らなければ、その嘘がわからない。最初は、半信半疑《はんしんはんぎ》であっても、やがて、そんなこともあるのかもしれないと、思うようになります。そして、何度も嘘を聞くうちには、多分そうなのだろうと考えるようになり、やがて、嘘が真実であるかのように、皆《みな》、思い込んでしまう。

『沈黙《ちんもく》は金、雄弁《ゆうべん》は銀』という西洋の諺《ことわざ》がありますが、黙《だま》っていればよいということではありません。これは、沈黙を守る方が、雄弁よりも説得力をもつ場合もあるということであって、言うべき時に、言うべきことも言わず、戦わないのは単なる臆病《おくびょう》です。

これだけの同志がいて、もし、讒言に敗れることがあるならば、大聖人門下の恥《はじ》さらしです。牧口先生、戸田先生も、さぞかしお嘆《なげ》きになるでしょう。もし、みんなの心のなかに、自分が立たなくとも、誰かが戦うだろうという、他人任《まか》せの考えが少しでもあれば、その油断が、哀《あわ》れな敗北を生みます。要は私たちに、悪と戦う勇気があるかどうかです。讒言を打ち破るものは、真剣さです。全精《ぜんせい》魂《こん》を傾《かたむ》けた生命の叫《さけ》びです。

全員が一人立ち、師子となって、学会の正義と真実を語りに語り、訴《うった》えに訴え抜いていってこそ、勝利を打ち立てることができるのです」

（小説『新・人間革命』第6巻「波浪《はろう》」の章、254〜257ページ）

人間勝利の闘争こそ「創価」の誉れの大道

〈1962年（昭和37年）1月25日、事実無《む》根《こん》の冤罪《えんざい》による「大阪事件」の判

決公判が開かれ、山本伸一の無罪判決が出される。終了後、彼は、関西本部で、正義の学会の進むべき道について言及《げんきゅう》する〉

創価学会の歩みは、常に権力の魔性《ましょう》との闘争であり、それが初代会長の牧口常三郎以来、学会を貫《つらぬ》く大精神である。日本の宗教の多くが、こぞって権力を恐れ、権力の前に膝《ひざ》を屈《くっ》してきたのに対して、学会は民衆の幸福、人間の勝利のために、敢然《かんぜん》と正義の旗を掲《かか》げた。

それゆえに、初代会長は獄中《ごくちゅう》で、尊《とうと》き殉教《じゅんきょう》の生涯《しょうがい》を終えた。人権《じんけん》の基《もとい》をなす信教の自由を貫いたがゆえである。

また、それゆえに、学会には、常に弾圧《だんあつ》の嵐《あらし》が吹き荒れた。しかし、そこにこそ、人間のための真実の宗教の、創価学会の進むべき誉《ほま》れの大道がある。

御聖訓《ごせいくん》には「師子王は百獣《ひゃくじゅう》にをぢず・師子の子・又《また》かくのごとし」（御書一一九〇ページ）と。

広宣流布とは、「獅子《しし》の道」である。何ものをも恐れぬ、「勇気の人」「正義の人」

「信念の人」でなければ、広布の峰《みね》を登攀《とうはん》することはできない。そして、「獅子の道」はまた、師の心をわが心とする、弟子のみが走破《そうは》し得る「師子の道」でもある。

伸一は、最後に、皆《みな》に言った。

「私たちは師子だ。嵐のなかを、太陽に向かって進もう！」

（小説『新・人間革命』第5巻「獅子」の章、354〜355ページ）

「政治と宗教」――政教一致批判

「憲法20条」をねじ曲げ、卑劣《ひれつ》極まる学会弾圧

――これまで、1990年代に起こった一部政治家や週刊誌などによる卑劣《ひれつ》な学会弾圧《だんあつ》について伺《うかが》ってきました。当時、国権《こっけん》の最高機関である国会の場では、学会と公明党の関係が、憲法20条の「政教分離《せいきょうぶんり》」の原則にあたかも反するかのような〝政教一致批判《ひはん》〟のデマも繰《く》り返されていました。

1993年（平成5年）8月、38年間続いていた自民党による長期政権が幕《まく》を閉じ、8党派からなる細川連立政権が誕生《たんじょう》。公明党も結党以来初めて、与党に加わりました。

歴史的な政権交代が実現した背景には、相次《あいつ》ぐ〝政治と金〟の不祥事《ふしょうじ》に対する国民の怒《いか》りがありました。ところが、一部の自民党議員は、そうした「私利私欲《しりしよく》」に溺《おぼ》れた自《みずか》らの姿《すがた》を省《かえり》みることなく、政権奪還《だっかん》を目論《もくろ》み、〝連立政権の要《かなめ》は公明党〟と見て、筋違いにも、その支援団体である学会に狙《ねら》いを絞《しぼ》って弾圧を画策《かくさく》してきました。

その最大の攻撃材料が〝政教一致〟云々《うんぬん》という言いがかりでした。結論から言えば、この荒唐無稽《こうとうむけい》な批判は、宗教団体による選挙活動を含《ふく》む政治活動は、憲法で当然の権利として認められているの

「自由」とは勝ち取るもの――不当な人権弾圧に抗議する青年部の集会（1994年10月）

にもかかわらず、〝宗教は政治に口を出すな〟という暴論であり、「基本的人権《じんけん》」を侵害《しんがい》する権力悪のなせる業《わざ》だったのです。

自民党が野党に転落してから約1カ月後、一部の自民党議員が「民主政治研究会」なる団体を結成。さらに93年12月には、あの悪名高き「四月会」の前身となる「憲法20条を考える会」を設立し、運動方針として「創価学会に関する諸問題で、国会での証人喚問《かんもん》に努力する」などと謳《うた》っていました。

「民主政治研究会」の勉強会は、同年11月から年末まで、6回にわたって開催されましたが、そのうちの4回には、学会への恐喝罪《きょうかつざい》で実刑《じっけい》判決を受け、同年の4月末に仮《かり》出所したばかりの〝裁判所認定の大ウソつき〟山崎正友が講師として招《まね》かれていました。この一点が、正義・真実を無視し、学会を攻撃することだけを意図《いと》した集団だったことを如実《にょじつ》に示していました。

実際に、この謀略《ぼうりゃく》集団の動きと歩調《ほちょう》を合わせ、国会の場では、憲法の本義をわきまえぬ〝政教一致批判《ひはん》〟をはじめ、学会を貶《おとし》める中傷《ちゅうしょう》が繰《く》り返されました。

その議員の人数たるや、〝公明党が政権参画した93年8月以降の1年間だけでも約20人にも及びました。

そもそも、憲法20条で規定されている「政教分離《せいきょうぶんり》」の原則は、民主主義の根幹である「信教の自由」を制度的に保障《ほしょう》したもので、国家と宗教の分離、国家権力と宗教（宗教団体）の分離を定めています。政党と宗教団体、つまり公明党と創価学会との関係性の分離などでは全くないことは明々白々です。

学会攻撃を行っていた政治家にとって「民主政治」や「憲法20条」など単なる口実《こうじつ》に過ぎず、逆にそれを踏《ふ》みにじる行為《こうい》に狂奔《きょうほん》していたわけです。

仮に、宗教団体に属する国民一人一人が、選挙活動を含《ふく》む政治活動を制限されるならば、それは憲法21条の「表現の自由」を侵害するばかりか、14条が保障する「法の下の平等」にも反することになるでしょう。そうなれば、宗教を信仰するがゆえに不利益を受けることになり、結果的に「基本的人権」が大きく損《そこ》なわれる事態が生じてしまうのです。

実際、今の憲法が制定された時の帝国議会（46年7月16日）で、憲法担当の大臣が〝「政教分離」の原則は宗教団体の政治活動を禁止する規定ではない〟と最初から断言していました。

以来、今日《こんにち》までの70年以上、「政教分離《せいきょうぶんり》」についての政府の解釈《かいしゃく》は一貫《いっかん》して変わらず、最高裁判所の判示《はんじ》、憲法学会の通説《つうせつ》などからも、その解釈は何ら間違いないものでした。

国会の場で荒唐無稽《こうとうむけい》な〝政教一致批判《ひはん》〟が繰《く》り返されていた当時でも、「憲法の番人」と呼ばれる内閣法制局長官が政府見解《けんかい》を示しました（94年10月12日）。

そこでは、憲法20条の「いかなる宗教団体も、国から特権を受け、又《また》は政治上の権力を行使してはならない」との条文に記されている「政治上の権力」について言及《げんきゅう》。「政治上の権力」とは、国や自治体の持つ「統治権」（課税権《かぜいけん》、裁判権、公務員の任免《にんめん》権など）に限定され、政党が持つ〝政治的な力《ちから》〟は含《ふく》まれないと論じられました。

つまり、宗教団体である創価学会が支持する公明党が〝政治的影響力〟を持っても、「政教分離」には全く抵触《ていしょく》しないことが改めて明らかにされたのです。

さらに、法制局長官は宗教団体の政治・選挙活動についても、〝憲法第21条の「表現の自由」の一環《いっかん》としても宗教団体が政治的な活動をするのは尊重《そんちょう》されるべき〟と明快に答弁《とうべん》しました。

また、宗教団体の主体的な政治・選挙活動の一環として、団体の施設《しせつ》を政治・選挙運動に使用することや、それに伴《ともな》う事務費用を宗教団体が自主的に負担することも憲法上、問題がないことが確認されました。

こうして、学会と公明党に対する〝政教一致批判〟は、根拠《こんきょ》のないものであることが改めて明白になったのです。

〝政教一致批判〟の魂胆《こんたん》は〝票欲しさ〟

――振り返ると、学会と公明党に対する〝政教一致批判〟は、公明党が政治的影響力を強めていくたびに繰り返されてきました。

公明党の結党は1964年（昭和39年）11月。翌65年の参院選では、いきなり「参院第3党」に躍進《やくしん》しました。公明党の結党と前後し、学会と公明党の台頭《たいとう》を阻《はば》もうと、既成《きせい》仏教各派の集まり「全日本仏教会」（全日仏）、新興宗教団体の集まり「新日本宗教団体連合会」（新宗連）が政治連盟を相次《あいつ》いで結成する動きが見られました。

そうした中、公明党は67年（昭和42年）、衆議院選挙に初挑戦し、25議席を獲得する快挙《かいきょ》を成し遂《と》げます。この選挙では、全日仏や新宗連が、公明党と対抗《たいこう》する政治家を中心に大量の推薦《すいせん》を出していました。公明党の伸展《しんてん》によって、憂《う》き目《め》に遭《あ》っていた既成政党と既成宗教が結託《けったく》し、一斉《いっせい》に支援団体である学会に攻撃を仕掛《しか》けてきていたのです。

そして公明党が69年（昭和44年）、衆院選で47議席を得て、民社党（当時）を抜いて「衆院第3党」の立場を確立すると、同党の議員が、国会の場で、〝学会は憲法の政教分離《せいきょうぶんり》の原則に違反している〟〝学会が政治支配を企《くわだ》てている〟などと、〝政教一致批判《ひはん》〟を狂《くる》ったように重《かさ》ねてきました。

当然、政府は〝宗教団体に支持された者であっても、国政を担当することは憲法に抵触《ていしょく》するものではない〟と一蹴《いっしゅう》しました。

デタラメな〝批判〟を重ねた民社党議員の狙《ねら》いは、学会の急拡大に不安を抱《いだ》く各教団からの、より強い支持を取り付けることでした。この議員については10以上の宗教団体に関わっていたとの証言もありました。

この政治的な思惑《おもわく》こそ、〝批判〟の原型となっていきました。

翻《ひるがえ》って、先述した93、94年当時、執拗《しつよう》に〝政教一致批判〟を重ねていたのも、その多くは他の宗教団体を票田《ひょうでん》にする政治家や、選挙区で公明党の議員と議席を競《きそ》っている政治家でした。99年（平成11年）、公明党が自民党との連立政権に参画した際は、学会の支援を期待できなくなった民主党（当時）が、突如《とつじょ》、手のひらを返して同様の〝批判〟を始めた歴史もありました。

どこまでも、学会と公明党に対する荒唐《こうとう》無稽《むけい》な攻撃の根底にあったのは、〝票欲しさ〟の浅はかな魂胆《こんたん》だったのです。それは、宗教に対する不見識《ふけんしき》、哲学の欠如《けつじょ》にほかなりません。その攻撃は、社会の不正を糾《ただ》す正義からの問題提起などでは全くなく、単なる「私利私欲《しりしよく》」に毒された姑息《こそく》なご都合《つごう》主義の産物《さんぶつ》に過ぎなかったのです。

同志の懸命な戦いこそ中傷を打ち破る要因に

――こうした事実無根《むこん》の中傷《ちゅうしょう》を見下ろしながら、学会が支援する公明党は結党から半世紀以上、「政界浄化」の改革、「大衆福祉《ふくし》」と「生活者第一」の政策を次々と実現するなど、日本の政治改革に寄与《きよ》してきました。

「宗教団体が、その信条《しんじょう》に基《もと》づいて『社会は、このままでよいのか』と問題提起し、政治に影響を与えるのは当然のことです」（国際宗教社会学会のドブラーレ元会長）、「政治には『道徳性』が必要であり、そのために宗教の果たすべき役割は大きい」（インドネシアのワヒド元大統領）などと、世界の識者は政治に宗教性が必要なことを明快に述べています。

人々の幸福と平和を説く宗教的理念や哲学に基づかない政治は根無し草であり、力《ちから》と利害の論理に終始し、結局は民衆の不幸を繰《く》り返していくことにつながってしまうからです。

公明党の政界進出は、仏法の人間主義の視点から、日本社会に高い倫理性を吹き込み、苦しむ一人一人に寄り添う〝慈悲《じひ》の政治〟を実現するためでした。現実に公明党は〝大衆の声〟に耳を傾《かたむ》けることに徹《てっ》し、国会では対決一辺倒《いっぺんとう》ではなく、合意形成の政治を貫《つらぬ》き、庶民《しょみん》のための政策を次々と実現してきました。

97年（平成9年）、日本は、大手の金融《きんゆう》機関が次々と倒産・自主廃業に追い込まれるなど未曽有《みぞう》の金融危機に直面しました。そのため、翌98年の参院選では、自民党は過半数割れとなる大敗を喫《きっ》しました。その後、不安定な政権運営が続き、自民党は公明党に連立参加を強く要請。そして99年10月、公明党は当面する日本の難局を乗り越えるために連立政権に参画し、新たな協力関係が築かれました。以来、長きにわたり、与党として、「生活者第一」の姿勢を貫き、日本政治に安定をもたらしてきたことは周知《しゅうち》の事実です。

今や、その奮闘《ふんとう》に「庶民に力を与え、平等な社会をつくる役割を地道に果たしてきた」（一橋大学教授・中北浩爾氏）などと称賛《しょうさん》の声が相次《あいつ》いでいる。さらに、その要因について、政治評論家・森田実氏は「支持者集団の主力である創価学会員の倫理性の高さにある」と語っています。

無認識から生まれた度重《たびかさ》なる中傷《ちゅうしょう》の嵐《あらし》を打ち返しながら、学会員は、庶民《しょみん》の手に政治を取り戻すべく、まさに〝手弁当〟で、公明党への懸命《けんめい》な支援活動を続けてきました。

その同志一人一人の真心の奮闘《ふんとう》こそ、公明党への理解につながり、さらには、事実無根《むこん》の〝政教一致批判《ひはん》〟が、「明らかに不当なもの」と、社会に定着させることに直結したと確信しています。

「政治と宗教」——宗教法人法「改悪」

——前回は、自民党が結党以来初めて下野《げや》した1993年（平成5年）8月以降に、同党の一部議員らによって繰《く》り返された荒唐無稽《こうとうむけい》な〝政教一致批判〟について伺《うかが》いました。その後も国家権力を悪用した学会弾圧《だんあつ》は激しさを増しました。

選挙に勝つためなら、憲法の精神すらねじ曲げ、国民の人権《じんけん》を侵害《しんがい》する——時の「四月会政権」は戦後日本の憲政《けんせい》史上、類例を見ない暴挙《ぼうきょ》を繰り返していました。

「四月会」の結成は94年（平成6年）5月。正式名称は「信教と精神性の尊厳《そんげん》と自由を確立する各界懇話会《こんわかい》」などとしていましたが、その実は、〝学会憎《にく》し〟で一部政治家と結託《けったく》した評論家、宗教団体などの関係者らが顔を並べた、学会を弾圧《だんあつ》するための野合《やごう》集団でした。

実際、5月に結成したにもかかわらず「四月会」と名付けたのは〝死・学会という意味だ〟などと憚《はばか》ることなく解説がなされるほど、敵意をむき出しにしたものでした。6月23日の設立総会には、この直後に成立する自社さ政権の3党首が出席し、3党首はその後も度々《たびたび》、四月会の集会に顔を出していました。「四月会政権」という所以《ゆえん》です。

そして、「四月会」結成を呼び掛《か》けた自民党の代議士は、閣僚《かくりょう》に就任《しゅうにん》した直後、あろうことか、政権を挙げた学会弾圧の魂胆《こんたん》を口にしていました。

〝大蔵《おおくら》大臣に学会の税務《ぜいむ》問題を、大石寺との闘争には警察・法務省に協力を仰《あお》ぎ、宗教法人としての適格性《てきかくせい》の追及は文部大臣が取り組む〟と。

事実、その発言を前後にし、国会では、予算委員会などで何人もの議員が代わる代わる事実無根《むこん》の話をもとに、宗教弾圧を重《かさ》ねる異常な事態が続きました。

その攻撃材料の中心だった〝政教一致批判《ひはん》〟は、公式の政府見解《けんかい》、最高裁判所の判示《はんじ》などから「明らかなデマ」として既《すで》に決着済みのものでしたが、改めて、

94年10月、「憲法の番人」である内閣法制局長官の答弁《とうべん》によって完膚《かんぷ》なきまでに粉砕されると、「四月会政権」は、宗教自体を国家権力によって取り締《し》まろうとする宗教法人法の「改悪」に動きだしたのです。

宗教法人法「改悪」は政権の権力強化が狙い

――そこで「四月会政権」が利用したのが「オウム真理教」事件でした。

その通りです。95年（平成7年）3月、「オウム真理教」による地下鉄サリン事件が勃発《ぼっぱつ》しました。

当時の首相が「信教の自由に名を借りて逸脱《いつだつ》する行為《こうい》は許されない。捜査《そうさ》

オウム真理教による地下鉄サリン事件で駅構内から運び出される乗客（1995年3月20日、東京・神谷町駅）©時事通信社

の見極《みきわ》めと合わせて、必要のある観点については宗教法人法についても検討する必要がある」（「読売新聞」、95年4月4日付）などと語り、政権はオウム事件の再発防止を大義名分として利用しました。文部大臣の諮問《しもん》機関「宗教法人審議会《しんぎかい》」を4月末に開催し、宗教法人法「改悪」論議《ろんぎ》をスタートさせました。

当初、3年程度の時間をかけ、じっくり検討するとしていましたが、宗教法人法の「改悪」は強引かつ急ピッチで進められていきました。

もとより、オウム事件のような反社会的、かつ残忍《ざんにん》な犯罪の再発防止は多くの国民の願いでしたが、このような犯罪集団の取り締《し》まりは既存《きそん》の「刑法」で対応すべき問題です。「宗教法人法」に不備《ふび》があったから、勃発《ぼっぱつ》した事件でないことは明らかでした。しかし、「四月会政権」は、オウム事件の再発防止を願う世論を狡猾《こうかつ》に利用し、「改悪」を進めていきました。その真の狙《ねら》いは、自《みずか》らの政権維持《いじ》のため、対抗《たいこう》政党を支援する学会を封《ふう》じ込めることだったのです。

「改悪」に向けた動きを一気に先鋭化させたのは、7月の参議院選挙の結果でした。自民党は大敗。一方、学会が支援した新進党が比例区で「第1党」に躍《やく》進《しん》しました。約1カ月後の「朝日新聞」(95年8月20日付)は自民党の閣僚《かくりょう》経験者や議員の話として「法改正は創価学会対策の色合いが濃くなってきた。今やオウム対策は二次的なものだ」「創価学会が困るような改正はできないか、これから知恵を絞《しぼ》りたい」と報じました。実際、政権は8月、内閣改造を行い、「宗教法人法」担当の文部大臣に学会弾圧《だんあつ》の急先鋒《きゅうせんぽう》だった議員を据《す》えるなど、宗教法人法の「改悪」への〝シフト〟をさらに強めていったのです。

こうした政権の歪《ゆが》んだ意図《いと》と画策《かくさく》については「宗教法改正を政争と絡《から》めるな」(「信濃毎日新聞」、95年9月10日付)、「宗教法人法・国家管理にしてはならぬ」(「熊本日日新聞」、95年9月19日付)等々、マスコミ各紙も警鐘《けいしょう》を鳴らしていました。

しかし、自らの政権維持のためになりふり構わぬ「四月会政権」は、「改悪」を進めていきました。9月末の臨時《りんじ》国会の開会当日、宗教法人審議会は文部大臣に「改悪」案を提出しましたが、それは審議会メンバー15人のうち、7人が反対もしくは慎重論《しんちょうろん》を表明していたにもかかわらずに強行されたものでした。

そして、政府は10月17日、国会に同法案を提出。一方、宗教法人審議会の7人の委員は2回にわたり、文相に審議《しんぎ》の再開を要求しましたが、受け入れられませんでした。また、国会での審議においても、政府・与党は反対意見に全く耳を傾《かたむ》けることはなかったのです。

本来、憲法が保障《ほしょう》する思想・良心の自由に関わる法改正であり、多数決による強行が最もふさわしくない事案《じあん》であることは明らかです。しかし、そうした当然の前提すら顧《かえり》みないほど、適正な手続きや民主主義を無視した暴挙《ぼうきょ》だったのです。

当時の首相が2度謝罪「四月会」は完全に消滅

――宗教弾圧《だんあつ》の「四月会政権」は95年12月8日、強引に宗教法人法「改悪」法案を成立させました。民主主義の根幹である「信教の自由」を侵害《しんがい》しかねない愚《ぐ》行《こう》でした。

憲法第99条には「国務大臣、国会議員、裁判官その他の公務員は、この憲法を尊重《そんちょう》し擁護《ようご》する義務を負《お》ふ」と謳《うた》われています。

政治家には憲法を尊重する義務が当然ありますが、「四月会政権」は自《みずか》らの権力強化を図《はか》るためには、憲法で保障された「信教の自由」を平然と踏《ふ》みにじり、学会攻撃を繰《く》り返していました。

何より悪質だったのは、「国民の人権《じんけん》を守るため」の「国会」の場を、人権を抑圧する場に悪用したことです。これまで語ってきた一部週刊誌のデマ記事を使った国会質問しかり、〝政教一致批判《ひはん》〟しかりです。

宗教法人法「改悪」を巡《めぐ》る論争においても、それは繰り返されました。既《すで》に、9月初旬に、学会として宗教法人審議会にヒアリングを受け、学会の見解《けんかい》を明確に示しているのにもかかわらず、あろうことか、池田先生に対する参考人招《しょう》致《ち》や証人喚問《かんもん》をちらつかせ、最終的には秋谷会長（当時）の参考人招致が決定され、12月4日、参議院「宗教法人特別委員会」に、参考人として会長が出席しました。

本来、参考人招致の目的は各界の意見を幅広く聴取《ちょうしゅ》することにありますが、この招致は既に「改悪」法案が成立する見通しが立っていた段階で実施されました。

参考人質疑《しつぎ》では、自民党、共産党の委員は持ち時間を全て使い、学会のイメージダウンを図《はか》るための質問を秋谷会長に浴《あ》びせてきましたが、根拠《こんきょ》のないデマや低次元の質問も含《ふく》め、全て論破《ろんぱ》され、政略的な策謀《さくぼう》は、ことごとく〝空振り〟に終わったのです。

そもそも、1951年（昭和26年）4月に公布・施行《しこう》された「宗教法人法」は、過去の戦争責任を踏《ふ》まえ、二度と同じ悲惨《ひさん》な歴史を繰《く》り返さないために制定された、信教の自由を守るための重要な法律でした。

戦前・戦中、国家神道を精神的支柱《しちゅう》にした軍部政府は、思想統制を図るための「治安維持法《ちあんいじほう》」「宗教団体法」を使い、政府に都合《つごう》の悪い宗教や思想を次から次へと弾圧《だんあつ》し、国民の精神の自由を、ことごとく奪《うば》い取っていった結果、日本は悲惨な戦争の道を突き進んでいきました。

それゆえ、「宗教法人法」は憲法20条で定められた「信教の自由」「政教分離《せいきょうぶんり》」を、どこまでも重んじ、公権力が宗教に対して保護も規制も加えない「ノー・サポート」「ノー・コントロール」の原則に基《もと》づいた法律でした。

具体的には、一定の条件をクリアした宗教団体が活動を主とする都道府県に〝届け出〟をし、認証されれば、宗教活動を円滑《えんかつ》に行うための法人格が自治体から付《ふ》与《よ》されることを目的としていました。当然、国家が宗教団体を管理・統制する発想など全くなく、宗教法人の〝登録〟をする都道府県は、いわば〝戸籍《こせき》係〟のようなものでした。

同法第1条に「この法律の目的」として「この法律のいかなる規定も、個人、集団又《また》は団体が、その保障《ほしょう》された自由に基づいて、教義をひろめ、儀式行事を行い、その他宗教上の行為《こうい》を行うことを制限するものと解釈《かいしゃく》してはならない」と謳《うた》われている通りです。

これに対し、「四月会政権」が行った「改悪」は①活動が複数の都道府県にまたがる宗教法人の所轄庁《しょかつちょう》を文部省に移管②所轄庁による法人の活動状況の把握《はあく》③法人の情報開示④所轄庁に法人への質問権の付与――と、国家権力が宗教を管理・監督、統制できる恐れのある道を開いたのです。

――94年（平成6年）以降、「四月会政権」によって繰《く》り返されてきた悪辣《あくらつ》な弾《だん》圧《あつ》にも学会は微動《びどう》だにしませんでした。

94年11月、東京ドームに正義の怒《いか》りに燃える首都圏青年部の代表ら5万5000人が集結し、横暴《おうぼう》な宗教弾圧を糾弾《きゅうだん》しました。その後も事実無根《むこん》の学会批判《ひはん》に対し、徹底《てってい》して〝正義の声〟を発し続けました。

また、学会員は、信仰で培《つちか》った社会貢献《こうけん》の生き方を地域と社会で体現し、信頼を広げていきました。その姿《すがた》こそ、〝学会の真実〟として、社会に共感を広げ、攻撃に対する最大の反撃となっていきました。

そして、98年（平成10年）には、当時の橋本首相が2回にわたって、池田先生と学会に謝罪。他の自民党議員も次々と謝罪しました。また「四月会」は、学会弾圧の目的を果たせぬまま、存在意義を失い2001年（平成13年）、消え去っていきました。関わった反逆者、日顕宗《にっけんしゅう》の輩《やから》、学会批判で糊口《ここう》をしのぐ売文屋なども次々と惨《みじ》めな末路をたどっていきました。正邪《せいじゃ》は明白になったのです。

しかし、戦後日本の憲政《けんせい》史上、最も悪質な宗教弾圧を重《かさ》ねた「四月会政権」の所業《しょぎょう》は断じて忘れてはなりません。

政治は政治の次元で戦うべきです。支持団体を権力で攻撃し、宗教弾圧を繰り返すことは、断じて許すべからざる民主主義の根幹の破壊《はかい》であるからです。「青年は心して政治を監視せよ」とは戸田先生の遺訓《いくん》なのです。

破邪顕正の魂を継承

小説『新・人間革命』に学ぶ③

「民衆不在」の政治を変える政党が誕生！

〈参議院と地方議会の議員からなる政治団体「公明政治連盟」（公政連）と、各議会の会派《かいは》である「公明会」は、〝大衆のための政治〟を掲《かか》げ、多くの実績を築いてきた。支持者からは、政党を結成し、衆議院にも進出してほしいとの声が寄せられるようになる。１９６４年（昭和39年）、５月11日、山本伸一は、男子部幹部会の席上、公明党の結成を正式に提案する〉

「創価学会は、公政連、公明会の支持団体であり、推薦《すいせん》団体であります。本日は、その私どもの意向を明らかにし、決議をいたしたいと思います。それは、本年も、秋に公政連の全国大会が行われますが、その時に、公政連、公明会を、名実ともに一歩前進させて、公明党にすべきではないかと考える次第でございます」

（中略）

公明党の結成――それはすべての学会員の念願であったといってよい。公政連の議員の目覚《めざ》ましい活躍《かつやく》を、目《ま》の当《あ》たりにしてきた同志は、公政連が政党となり、衆議院にも進出していくならば、「民衆不在」の日本の政治を、変えることができると確信していた。

（中略）

仏法者として、立正安国《りっしょうあんこく》という民衆の幸福と平和を実現していくためには、日本の政治の改革を避《さ》けて通るわけにはいかなかった。

日本の政治家には、何よりも、まず指導理念が欠落していた。

たとえば、世界の平和を口にしても、イデオロギーや民族の違いをどう乗り越えるかという哲学をもつ、政治家はいなかった。

それゆえに、仏法の大哲理《だいてつり》に基《もと》づく、「地球民族主義」という理念を掲《かか》げた政党の必要性を、伸一は、痛切に感じていたのである。

「地球民族主義」は、かつて、戸田城聖が提唱《ていしょう》したものである。

――人類は、運命共同体であり、民族や国家、あるいはイデオロギーなどの違いを超えて、地球民族として結ばれるべきであるとする考え方である。

公政連の「国連中心主義」の主張も、「地球民族主義」から導き出されたものであった。

また、東西冷戦の構図がそのまま日本の政界に持ち込まれ、既成《きせい》政党は、片《かた》やアメリカに追随《ついずい》し、片やソ連に従《したが》うなど、政党としての自主性に乏《とぼ》しかった。イデオロギーや他国の意向に、左右されるのではなく、民衆の幸福と平和の実現を第一義とし、中道《ちゅうどう》の立場から政治をリードしていく政党を、人びとは待ち望んでいるはずである。

さらに、日本の政治改革のためには、腐敗《ふはい》と敢然《かんぜん》と戦う、清潔な党が出現しなければならない。政界浄化は、公政連の出発の時からの旗印《はたじるし》であり、これまでの腐敗追及の輝かしい実績は、比類《ひるい》がない。

また、日本には、真実の大衆政党がなかった。

保守政党は、大企業擁護《ようご》の立場に立ち、革新政党はその企業などに働く、組織労働者に基盤を置いている。しかし、大衆は多様化しており、数のうえで最も多く、一番、政治の恩恵を必要としているのが、革新政党の枠《わく》からも漏《も》れた、未組織労働者であった。

民衆の手に政治を取り戻すためには、組織労働者だけでなく、さまざまな大衆を基盤とした、新たな政党の誕生《たんじょう》が不可欠である。

多様な大衆に深く根を下ろし、大衆の味方となり、仏法の慈悲《じひ》の精神を政治に反映させゆく政党が、今こそ躍《おど》り出るべきであろう。それが衆望《しゅうぼう》ではないか

——山本伸一は、こう結論したのである。

（小説『新・人間革命』第9巻「衆望」の章、358～361ページ）

際限のない欲望こそ　権力の〝魔性〟の本質

〈先師・牧口常三郎先生の生誕《せいたん》100周年に当たる1971年（昭和46年）6月6日、牧口先生の胸像《きょうぞう》の除幕式《じょまくしき》が、東京・信濃町の聖教新聞社で厳粛《げんしゅく》に執《と》り行われた。山本伸一は、崇高《すうこう》な先師の生涯《しょうがい》を通し、「広宣流布」と「立正安国《りっしょうあんこく》」の使命を果たし抜く誓《ちか》いを新たにする〉

日蓮仏法は「立正安国の宗教」である。

「立正安国」とは、「正を立て国を安んずる」との意義である。正法を流布し、一人ひとりの胸中《きょうちゅう》に仏法の哲理《てつり》を打ち立てよ。そして、社会の平和と繁栄《はんえい》を築き上げよ――それが、大聖人の御生涯を通しての叫《さけ》びであられた。

一次元からいえば、「立正」という正法の流布が、仏法者の宗教的使命であるのに対して、「安国」は、仏法者の社会的使命であるといってよい。

大聖人は「一身《いっしん》の安堵《あんど》を思わば先《ま》ず四表《しひょう》の静謐《せいひつ》を禱《いの》らん者か」（御書三一ページ）と仰《おお》せになっている。「四表の静謐」とは社会の平和である。現実に社会を変革し、人びとに平和と繁栄をもたらす「安国」の実現があってこそ、仏法者の使命は完結するのである。

（中略）

やがて学会は、民衆のスクラムを広げ、「立正安国」の実現のために、文化・社会の建設に着手した。政治を民衆の手に取り戻すために、政治の変革にも取り組んでいったのである。まさに、新しき民衆勢力の台頭《たいとう》であった。

そこに、国家権力をはじめ、既得権益《きとくけんえき》をむさぼり、権力の〝魔性《ましょう》〟の毒に侵《おか》された諸勢力は、強い恐れと危機感をいだいた。そして、学会への攻撃、迫害が繰《く》り返されたのである。

だが、法華経に説かれ、御聖訓《ごせいくん》に仰せのように、難こそ最大の誉《ほま》れである。創価学会への弾圧《だんあつ》は、「広宣流布」が進み、「立正安国」の建設が進めば進むほど、激しさを増した。

地域で、権勢《けんせい》をふるう有力者らの画策《かくさく》による村八分。既成《きせい》宗派の寺院が、学会員の遺骨《いこつ》の埋葬《まいそう》を拒否した墓地問題。北海道の夕張炭鉱で、「天下の炭労」といわれた炭鉱労働組合が、学会員を締《し》め出そうとした夕張炭労事件。山本伸一が選挙違反という無実の容疑で不当逮捕《たいほ》された大阪事件……。

さらに、教団の名誉《めいよ》を毀損《きそん》する虚偽《きょぎ》の報道など、マスコミによる誹謗中傷《ひぼうちゅうしょう》も繰《く》り返されてきたのである。

伸一が第三代会長に就任《しゅうにん》してからは、攻撃の的《まと》は、会員の団結の要《かなめ》である彼に絞《しぼ》られていった。しかも、その弾圧《だんあつ》の手口は、次第に巧妙《こうみょう》、狡猾《こうかつ》になっていったのだ。

学会に偏見《へんけん》と嫉妬《しっと》をいだく評論家や学者などを使って、非難《ひなん》の集中砲火を浴《あ》びせ、学会排斥《はいせき》の世論をつくろうと躍起《やっき》になる、新聞や週刊誌も少なくなかった。

国会で議員が、事実無根《むこん》の話を織《お》り交《ま》ぜ、学会を激しく中傷し、会長の伸一を証人喚問《かんもん》せよと騒《さわ》ぐ、卑劣極《ひれつきわ》まりない宗教弾圧の暴挙《ぼうきょ》も、何度となく繰り返された。

伸一は、自分のことなら我慢《がまん》もできた。彼が断じて許せなかったのは、さまざまな迫害によって、多くの学会員が人権《じんけん》を踏《ふ》みにじられ、筆舌《ひつぜつ》に尽《つ》くしがたい苦汁《くじゅう》をなめさせられてきたことであった。

村八分で、水道を止められた人もいた。周囲の脅《おど》しや嫌《いや》がらせに泣いた人もいた。子どもまでもが、仲間はずれにされ、いじめ抜かれた。

権力の〝魔性《ましょう》〟といっても、それは権力を掌中《しょうちゅう》に収めた人間の生命に宿る〝魔性〟である。

仏法では、正法を信ずる人に害をなし、仏道修行を妨《さまた》げる働きとして、「第六天の魔王」すなわち「他化自在天《たけじざいてん》」について説かれている。

これは、すべてを奪《うば》って、支配しようとする際限《さいげん》のない欲望であり、これこそが権力の〝魔性〟の本質といえよう。

ゆえに、創価学会が「広宣流布」と「立正安国《りっしょうあんこく》」の使命を果たし抜くためには、権力の弾圧、迫害と永遠に戦い、勝ち越えていく以外にない。

（小説『新・人間革命』第15巻「開花」の章、304〜308ページ）

軍部政府との抗戦に創価の平和運動の源

〈山本伸一は1983年(昭和58年)8月8日、「国連平和賞」を受賞。また、89年(平成元年)には、彼の長年の難民救援《なんみんきゅうえん》活動への貢献《こうけん》をたたえ、国連難民高等弁務官事務所から、「人道賞」が贈《おく》られた〉

創価学会の平和運動の源流《げんりゅう》は、初代会長・牧口常三郎の、国家神道を精神の支柱《しちゅう》に戦争を遂行《すいこう》する軍部政府の弾圧《だんあつ》との戦いにある。思想統制のために、神札を祭れという軍部政府の強要《きょうよう》を、牧口は、断固として拒否し、一九四三年(昭和十八年)七月、弟子の戸田城聖と共に逮捕《たいほ》・投獄《とうごく》されたのである。

軍部政府が強要する神札を公然と拒否することは、戦時中の思想統制下にあって、国家権力と対峙《たいじ》し、思想・信教の自由を貫《つらぬ》くことである。それは、文字通り、命がけの人権《じんけん》闘争であった。事実、牧口常三郎は、逮捕翌年の四四年(同十九年)十一月十八日、秋霜《しゅうそう》の獄舎《ごくしゃ》で生涯《しょうがい》を終えている。

思想・信教の自由は、本来、人間に等しく与えられた権利であり、この人権を守り貫くことこそ、平和の基《もとい》である。

万人に「仏」を見る仏法思想は、人権の根幹をなす。ゆえに、その仏法の実践者たる牧口は、人間を手段化する軍部政府との対決を余儀《よぎ》なくされていった。さらに、弟子の戸田城聖が、一九五七年（昭和三十二年）九月八日、人間の生存の権利を奪《うば》う核《かく》兵器を絶対悪とする、「原水爆禁止宣言《げんすいばくきんしせんげん》」を発表したのも、仏法者としての必然的な帰結《きけつ》であった。

そもそも創価学会の運動の根底をなす日蓮仏法では、人間生命にこそ至高《しこう》の価値を見いだし、国家を絶対視することはない。大聖人は、幕府の最高権力者を「わづかの小島《こじま》のぬし《主》」（御書九一一ページ）と言われている。

また、「王地に生《うま》れたれば身をば随《したが》えられたてまつるやうなりとも心をば随えられたてまつるべからず」（御書二八七ページ）とも仰《おお》せである。王の支配する地に生まれたので、身は従《したが》えられているようでも、心を従えることはできないと断言されているのだ。この御文は、ユネスコが編纂《へんさん》した『語録　人間の権利』にも収録されている。

つまり、〝人間は、国家や社会体制に隷属《れいぞく》した存在ではない。人間の精神を権力の鉄鎖《てっさ》につなぐことなどできない〟との御言葉である。まさに、国家を超えた普遍《ふへん》的な価値を、人間生命に置いた人権《じんけん》宣言にほかならない。

もちろん、国家の役割は大きい。国家への貢献《こうけん》も大切である。国の在《あ》り方《かた》のいかんが、国民の幸・不幸に、大きな影響を及ぼすからである。大事なことは、国家や一部の支配者のために国民がいるのではなく、国民のために国家があるということだ。

日蓮大聖人がめざされたのは、苦悩にあえいできた民衆の幸せであった。そして、日本一国の広宣流布にとどまらず、「一閻浮提《いちえんぶだい》広宣流布」すなわち世界広布という、全人類の幸福と平和を目的とされた。この御精神に立ち返るならば、おのずから人類の共存《きょうそん》共栄や、人類益《じんるいえき》の追求という思想が生まれる。

世界が米ソによって二分され、東西両陣営の対立が激化していた一九五二年(昭和二十七年)二月、戸田城聖が放った「地球民族主義」の叫《さけ》びも、仏法思想の発《はっ》露《ろ》である。

仏法を実践する創価の同志には、誰の生命も尊《とうと》く、平等であり、皆《みな》が幸せになる権利があるとの生き方の哲学がある。友の不幸を見れば同苦し、幸せになってほしいと願い、励《はげ》ます、慈悲《じひ》の行動がある。この考え方、生き方への共感の広がりこそが、世界を結ぶ、確たる草の根の平和運動となる。

（小説『新・人間革命』第30巻〈下〉「誓願《せいがん》」の章、２４０〜２４２ページ）

反逆者の末路

デマの情報源は日顕宗と退転者

——1990年代に繰《く》り返された一部の政治家や週刊誌による卑劣《ひれつ》な学会弾《だん》圧《あつ》について、数回にわたって伺《うかが》ってきましたが、この一連の謀略《ぼうりゃく》の裏で暗躍《あんやく》していたのが、元弁護士で退転・反逆者の山崎正友でした。

学会に対する恐喝《きょうかつ》及び恐喝未遂《みすい》の罪で服役《ふくえき》していた山崎が仮《かり》出所したのは1993年（平成5年）4月27日でした。その3カ月後、自民党が結党以来初めて野党に転落し、政権奪還《だっかん》を目論《もくろ》む自民党の一部議員は連立政権の屋台骨《やたいぼね》となっていた公明党に照準《しょうじゅん》を定め、支援団体の学会弾圧を画策《かくさく》し始めました。

その後の前代未聞《ぜんだいみもん》の宗教弾圧については、これまで語ってきた通りですが、自《みずか》らの悪行《あくぎょう》を反省するどころか、学会を逆恨《さかうら》みして意趣返《いしゅがえ》しの機会を狙《ねら》っていた山崎は、こうした政治状況を利用して、学会憎《にく》しで常軌《じょうき》を逸《いっ》した連中に、いかにも自分が学会攻撃の切り札を握《にぎ》っているように見せかけ、まるで寄生虫《きせいちゅう》のように取り入ったのです。

――山崎が得意の舌先三寸《したさきさんずん》で一部の政治家や週刊誌を誑《たら》し込む様子は、本人が仮出所直後から日顕宛《あ》てに送った〝謀略書簡《しょかん》〟に生々しく書かれています。

94年（平成6年）7月の北海道・日顕宗《にっけんしゅう》坊主《ぼうず》の交通事故死について、あたかも学会員の白山さんが衝突死《しょうとつし》させたかのようなデマを使った卑劣な国会質問があったことを話しましたが（後に質問した自民党議員は白山さんに謝罪）、山崎はこの国会質問を仕掛《しか》ける前から、ドブネズミのように裏でコソコソと動いていました。

例えば、93年5月ごろと思われる手紙にも次のようにあります。

「（3年の刑期の）満期明けの十月二七日以後は、それなりの行動をとるつもりです。既《すで》に、週刊文春、現代、実話、スコラ等、連載の約束がございます」などと、さもマスコミに顔が利《き》く大物であるかのように装《よそお》い、水面下で学会攻撃を働きかけていると自慢《じまん》していたのです。

そして同年10月11日付の日顕宛《あ》ての手紙には「週刊新潮」を皮切りに「表立って活動を再開します」と宣言し、こうした動きに合わせて「国会喚問《かんもん》の動きが国会ではじまると思います」と記していました。

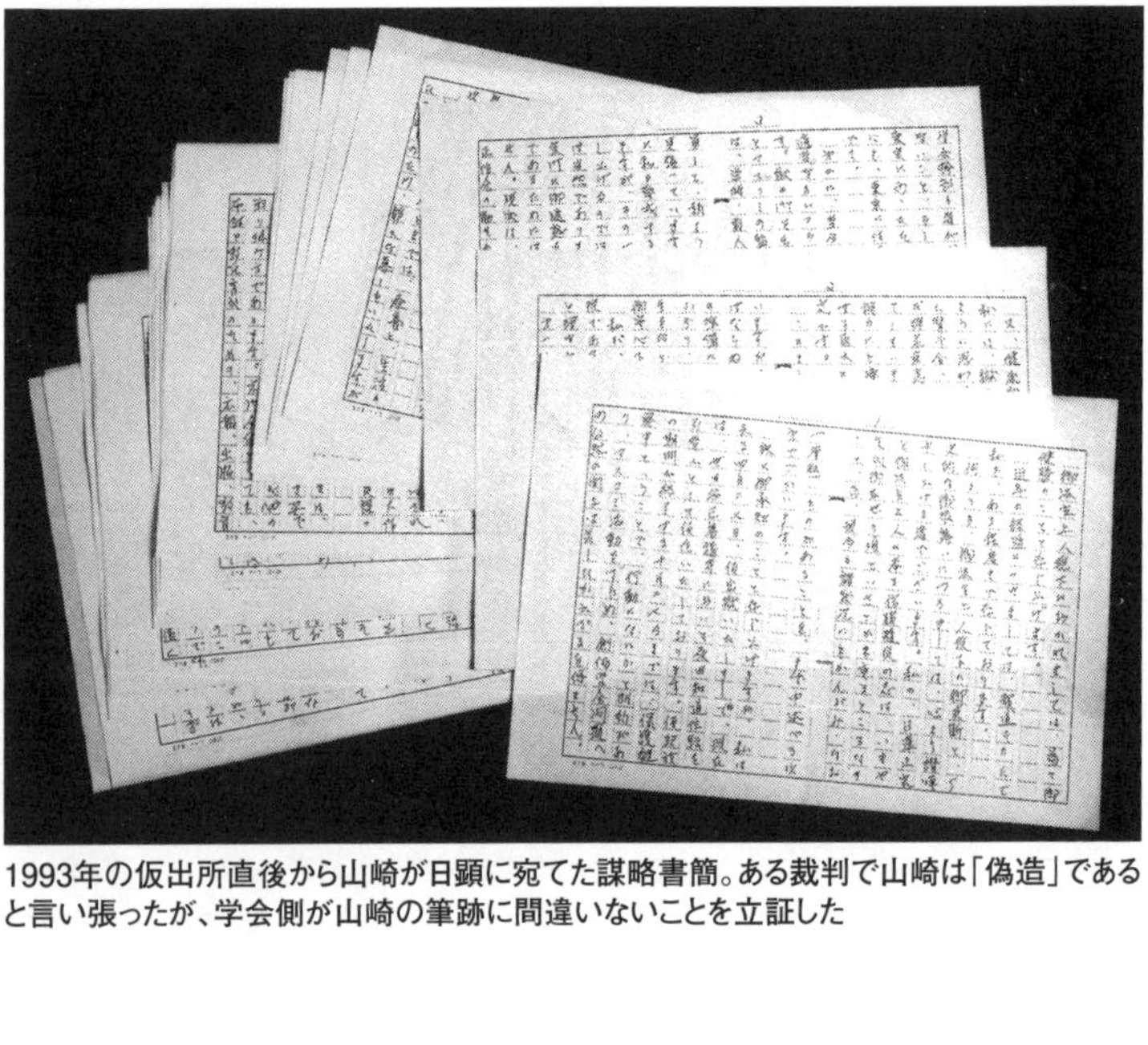

1993年の仮出所直後から山崎が日顕に宛てた謀略書簡。ある裁判で山崎は「偽造」であると言い張ったが、学会側が山崎の筆跡に間違いないことを立証した

この〝謀略書簡《ぼうりゃくしょかん》〟に符合《ふごう》し、国会の場では、一部の自民党議員は山崎が画策《かくさく》した週刊誌のデマ記事を使い、執拗《しつよう》に学会攻撃を重《かさ》ね、あろうことか、池田先生への証人喚問を要求する輩《やから》まで現れたのです。

ここで強調したいのは、「白山さん名誉毀損《めいよきそん》事件」しかり、「信平狂言《きょうげん》事件」しかり、山崎が日顕宛ての手紙に「学会攻撃の弾丸《だんがん》は、私達以外に供給できません」と断言していた通り、結局のところ、異常なまでに繰《く》り返された根も葉もない学会中傷《ちゅうしょう》のデマの情報源は、日顕宗《にっけんしゅう》や退転・反逆者ばかりだったということです。

それを使い勝手のいいように加工していたのが山崎でした。こうした「マスコミ工作」の構図は、決して単なる過去の出来事ではありません。

どこまでも金儲け　これが悪党の正体

――「なぜ、こんな悪人が学会の顧問《こもん》弁護士になったのか?」との疑問がよく聞かれます。

山崎は学生部出身の弁護士第1号であり、1970年（昭和45年）に33歳の若さで学会の顧問《こもん》弁護士になりました。

さかのぼること、57年（昭和32年）7月3日、池田先生は無実の罪によって不当逮捕《たいほ》されました。あの「大阪事件」です。その後の法廷闘争では、担当の弁護士は「無実であっても、検察の主張を覆《くつがえ》すことは難《むずか》しい。有罪は覚悟してほしい」などと正義のための闘争を担《にな》う覇気《はき》がありませんでした。しかし、先生は日本と世界の広宣流布の指揮を執《と》られる激務の中、権力の魔性《ましょう》と戦い抜かれ、4年3カ月の法廷闘争を経《へ》て、無罪判決を勝ち取り、自《みずか》ら冤罪《えんざい》を晴らされたのです。

だからこそ、先生は、不当な権力の横暴《おうぼう》と戦い抜く民衆厳護《げんご》の弁護士が育ちゆくことを心から待ち望んでおられました。そうした背景もあって山崎に対しても成長を期待し、慈愛《じあい》を持って大きく包み込まれていました。

しかし、山崎は、最初のうちは、その期待に応えようとしていたようですが、「学生部出身弁護士第1号」を鼻にかけ、やがて地道な信心の実践を疎《おろそ》かにし、信頼で結ばれた学会の世界を、自己の野望実現の格好《かっこう》の場所と考えるようになり、背信《はいしん》の道を転《ころ》げ落ちていったのです。

――転落のきっかけになったのは75年（昭和50年）前後の顧問弁護士の立場を悪用した静岡の墓園事業を巡《めぐ》る「土地転がし」でした。山崎は4億5千万円ともいわれる大金を手に入れました。

当時の山崎を知る人物が次のように証言していました。「土地転がしで得た金の一部の5千万円を風呂敷《ふろしき》に包み、枕《まくら》にして寝ていた」と。また、赤坂のホテルに事務所を構え、夜な夜な銀座の高級クラブに繰《く》り出しては、酒も飲めないのに一本20万円もするボトルをキープし、札ビラを切って乱痴気騒《らんちきさわ》ぎを繰り返し、「オレの1カ月の遊び代は７００万だ」などと豪語《ごうご》していた。金に狂《くる》っていくさまを象徴《しょうちょう》する話です。

そして「土地転《ころ》がし」の次は「坊主《ぼうず》転がし」です。宗門《しゅうもん》に取り入り、〝衣《ころも》の権《けん》威《い》〟を使って学会支配を画策《かくさく》していくのです。

聞くところによれば、山崎は76年（昭和51年）、「土地転がし」で手にした5千万円を法主に届けていた。宗門の大奥に入り込むことを企《たくら》みつつ、若手坊主らには学会への不信感を植え付けるデマを吹聴《ふいちょう》し、坊主に学会を激しく批判《ひはん》するように仕向けていきました。そして、何食わぬ顔で自分が学会側の窓口として宗門との交渉役を買って出て金儲《かねもう》けを企むなど、姑息《こそく》な動きをしていました。まさに〝マッチポンプ〟でした。しかし、その謀略《ぼうりゃく》は全て失敗に終わったのです。

また、金儲けのために山崎は76年に冷凍食品会社の経営に乗りだしますが、商才などあるはずはなく、たった3年半で45億円もの負債《ふさい》を抱《かか》え、80年（昭和55年）4月に倒産しました。

――その負債を返済するために、なんと山崎は学会に対し、80年に恐喝《きょうかつ》事件

を起こしました。

弁護士が顧問《こもん》先を恐喝するという前代未聞《ぜんだいみもん》の悪事です。

81年（昭和56年）1月24日、山崎は逮捕《たいほ》されました。「チョウチョやトンボじゃあるまいし、そう簡単につかまってたまるか」と威勢《いせい》のいいことを言っていた山崎でしたが、逮捕の瞬間は「一瞬キョトンと男たちを見上げたあと、山崎の顔はみる間にあかく染まった」「『本当に警視庁の人なんでしょうね』。手はブルブルふるえ、声もかすれがち。待機していた小型乗用車の後部席に押し込められるように乗ると、そのまま警視庁に連行された」（「朝日新聞」81年1月

朝日新聞 1981年（昭和56年）1月25日 日曜日 34153号 （日刊）

創価学会告訴事件 山崎弁護士を逮捕

三億円恐かつ容疑

未遂も五億円 内情暴露タネに

背景に宗門の争い

昨年春まで顧問弁護士

山崎逮捕を報じた、1981年1月25日付の「朝日新聞」。そのほかの各紙でも報じられた

25日付）と報じられたほど、惨《みじ》めなものでした。

裁判でも山崎は偽証《ぎしょう》に偽証を重《かさ》ねていたが、そのウソは法廷で、ことごとく暴《あば》かれ、91年（平成3年）、懲役《ちょうえき》3年の実刑《じっけい》判決が確定したのです。判決文には「公判では幾多《いくた》の虚構《きょこう》の弁解《べんかい》を作出《さくしゅつ》し、虚偽《きょぎ》の証拠を提出するなど、全く反省の態度が見られない」とあり、判決の全文を見ると「ウソ」という趣旨《しゅし》の言葉が、なんと40カ所以上もありました。山崎という悪党の正体を浮き彫りにする判決文だったのです。

また、山崎の手口として一貫《いっかん》していたのは、マスコミ工作です。例えば、80年から81年にかけて、「週刊文春」に覆面《ふくめん》と実名で、43回もデマと中傷《ちゅうしょう》を繰《く》り返していました。借金で火だるまになっていた時期です。

〝学会への中傷を繰り返せば、週刊誌は部数が伸び、自分は原稿料で金を稼《かせ》げる〟――こうした山崎の浅はかな算段《さんだん》も露《つゆ》のごとく消え去ったのです。

仏法の厳しき現証　晩年は裁判地獄に

――「過去現在の末法《まっぽう》の法華経の行者《ぎょうじゃ》を軽賤《きょうせん》する王臣万民《おうしんばんみん》始めは事なきやうにて終《つい》にほろびざるは候《そうら》はず」（御書1190ページ）との御金言のまま、山崎は仏法の厳《きび》しき因果によって、無残《むざん》な末路をたどっていきました。

その通りです。2008年（平成20年）12月、山崎は急死しました。その晩年は、「訴訟《そしょう》地獄《じごく》」の日々でした。来る日も来る日も裁判所に通《かよ》い詰《つ》めては断罪されるという哀《あわ》れな老醜《ろうしゅう》、老残の末路だったのです。

恐喝《きょうかつ》事件をはじめ、悪辣《あくらつ》な名誉毀損《めいよきそん》事件等で訴《うった》えられたものなど、山崎が裁判で断罪された数は、実に20回に及びました。創価新報の記事等を巡《めぐ》って、自《みずか》ら学会を訴えた裁判では、死後1カ月がたって完全敗訴《はいそ》の判決。その判決文は、40年にわたる山崎の悪事の数々を、証拠に照らして、ことごとく認定する一方で、山崎の主張については「到底《とうてい》信用することができない」等と全面的に退《しりぞ》けました。

死してもなお、裁《さば》きを受ける。まさに仏法の厳《きび》しき現証そのものでした。

山崎の同僚だったある弁護士が言っていました。「あいつは毎晩、遊び呆《ほう》けていて、家にも帰らなかった。勤行すら全然していない。見たことがない」と。結局、これが山崎の本質であり、これまで退転・反逆していった輩《やから》の共通点です。〝自分は特別だ〟などと勘違いし、真剣に信心を実践せず、慢心《まんしん》に食い破《やぶ》られていったのです。

御書に「寸善尺魔《すんぜんしゃくま》」（1440ページ）とある通り、仏法は、永遠に己心《こしん》の仏と魔の闘争です。どんな立場であれ、信心の基本を疎《おろそ》かにすれば、やがて退転・反逆の道に転《ころ》げ落ちていってしまいます。

だからこそ、いついかなる時も、広布の第一線に身を置き、地道な学会活動、つまり、メンバーへの激励《げきれい》や折伏《しゃくぶく》、機関紙の購読推進《こうどくすいしん》等に挑《いど》み続けることです。これが永遠に変わらぬ人生勝利の方程式なのです。

破邪顕正の魂を継承

小説『新・人間革命』に学ぶ④

仏弟子が仏法破壊の「師《し》子《し》身中《しんちゅう》の虫《むし》」に！

〈1972年（昭和47年）1月2日、山本伸一は全国大学会総会の席上、「佐渡《さど》御書」の一節を拝《はい》し、広宣流布の未来を託《たく》す思いで、参加者に訴《うった》える〉

「日蓮を信ずるやうなりし者どもが日蓮がかく《斯》なれば疑《うたがい》をこして法華経をすつるのみならずかへりて日蓮を教訓して我賢《われかしこ》しと思はん僻人《びゃくにん》等《ら》が念仏者よりも久《ひさし》く阿鼻地獄《あびじごく》にあらん事不便《ふびん》とも申す計《ばか》りなし」（九六〇ページ）

彼は、未来のために、この御聖訓《ごせいくん》を、皆《みな》の生命に刻《きざ》んでおきたかった。

「この御書は、日蓮大聖人が佐渡流罪《さどるざい》という最大の難に遭《あ》われ、門下にも弾圧《だんあつ》の手が伸びている最悪の事態のなかで、富木常忍《ときじょうにん》や四条金吾《しじょうきんご》をはじめとする弟子たちに与えられたお手紙です。臆病《おくびょう》にも退転し、大聖人を誹謗《ひぼう》するようになった反逆者たちを糾弾《きゅうだん》され、その罪がいかに深く、重いかを明らかにされている御文です」

（中略）

「あたかも日蓮大聖人を信じ、どこまでも随順《ずいじゅん》していくかのようでありながら、ひとたび大聖人が大難にあわれると、疑《うたが》いを起こし、法華経を捨てた臆病な弟子たちがいた。しかも、彼らは、大聖人を悪口《あっこう》し、教訓して、自分たちの方が賢《かしこ》いと思っている。自分の臆病さを正当化し、大難を逃《のが》れ、尊大《そんだい》ぶって師を批《ひ》判《はん》する。臆病と慢心《まんしん》とは表裏一体《ひょうりいったい》なんです。

弟子であった者が、退転し、最終的に広宣流布を破壊《はかい》していく。釈尊《しゃくそん》在世の提婆達多《だいばだった》も、また、大聖人の時代の三位房《さんみぼう》らもそうです。これこそ、『師子身《しししん》中《ちゅう》の虫《むし》』であり、師匠への最も卑劣《ひれつ》な裏切りです。戸田先生が亡《な》くなる少し前に、ある人物が、これからの学会の敵は何かと質問した。その時、先生は、言下《げんか》に『敵は内部だよ』と答えられた。『師子身中の虫』が仏法を破《やぶ》るのだと、大聖人も結論されている。ゆえに、広宣流布の道は『師子身中の虫』との戦いであるということを、生命に刻んでいただきたい」

（小説『新・人間革命』第16巻「入魂《にゅうこん》」の章、27〜28ページ）

信心とは大試練にも敢然と挑み立つ勇気

〈1978年（昭和53年）10月、山本伸一は、熱原法難《あつはらほうなん》700年を記念する大阪・城東区《じょうとうく》の総会へ。関西への機中、熱原の法難について思索《しさく》を巡《めぐ》らせる〉

熱原の農民信徒の生き方、振る舞いは、信心の究極を物語っている。信心とは、学識《がくしき》や社会的な地位、財力などによって決まるものではない。それは、法難《ほうなん》という大試練に直面した時、決して怯《ひる》むことなく、敢然《かんぜん》と立ち向かう勇気、決定《けつじょう》した心である。そして、今こそ〝まことの時〟ととらえ、師の言葉を思い起こし、深く心に刻《きざ》んで、ひとたび決めた道を貫《つらぬ》き通す信念である。また、私利私《しりし》欲《よく》、保身への執着《しゅうちゃく》に縛《しば》られることなく、法のために一身をなげうつ覚悟である。

さらに、一点の疑《うたが》いも、迷いもない、仏法の法理への強い確信である。

反対に、退転していく者の心の姿勢を、日蓮大聖人は、次のように喝破《かっぱ》されている。

「をくびやう《臆病》物をぼへず・よくふかく《欲深》・うたがい多き者どもは・ぬれるうるし《塗漆》に水をかけそら《空》をきり《切》たるやうに候《そうろう》ぞ」（御書一一九一ページ）

ここで仰《おお》せの「物をぼへず」とは、大聖人が「つたなき《拙》者のならひは約束せし事を・まことの時はわするるなるべし」（御書二三四ページ）と指摘されているように、信念を貫き通すのではなく、師の教えを忘れ、翻意《ほんい》していく弱さ、愚《おろ》かさを意味する。

（小説『新・人間革命』第29巻「常楽」の章、31〜32ページ）

生涯〝一兵卒〟として広宣流布に走り抜け

〈1976年（昭和51年）の8月25日、山本伸一は、男子部、学生部の中核メンバーで結成された人材育成グループの集いに出席。指導を重《かさ》ねる〉

「誰《だれ》が見ていようがいまいが、一兵卒《いっぺいそつ》となって、会員のために汗を流し、懸命《けんめい》に励《はげ》まし、学会を守り抜いていくという姿勢を、忘れないでいただきたい。

諸君は、既《すで》に学会の中核であり、これから多くの人が、さらに、副会長などの要職に就《つ》いていくでしょう。さまざまな権限をもつようにもなるでしょう。最高幹部になっていくのは、学会を守り、会員に奉仕し、広宣流布に尽《つ》くしていくためです。

しかし、なかには、最高幹部という地位を得ること自体が目的となったり、自分の野心を実現するために、学会を利用しようとする人間も出てくるかもしれない。もしも、そうした人間に、いいようにされたら、学会の正義は破壊《はかい》され、仏法は滅《ほろ》びてしまう。純粋な学会員がかわいそうです。

君たちは、そんな人間に、絶対になってはならないし、そうした人間がいたならば、徹底《てってい》して戦うんです。また、金銭の不正、飲酒、異性《いせい》の問題などで、人生の軌道を踏《ふ》み外《はず》すことのないよう、自《みずか》らを厳《きび》しく戒《いまし》めていかなければならない」

厳しい口調《くちょう》であった。伸一は、未来のために、青年たちの胸中《きょうちゅう》深く、信仰の王道を打ち込んでおきたかったのである。

「学会も組織である限り、皆《みな》が皆、中心者になるわけではない。脚光《きゃっこう》を浴《あ》びる立場から外れる場合も、当然ある。実は、その時に、人間の本性が現れ、真価がわかる。

それをきっかけに、組織から遠ざかり、やがて、離反《りはん》していく者も出るかもしれない。

自分に光が当たらなくなると、離反はせずとも、ふてくされたり、勝手な行動をとる者、傍観者《ぼうかんしゃ》を決め込む者も出るでしょう。

私は、戸田先生の時代から、傲慢《ごうまん》な幹部たちが堕《お》ちていく姿《すがた》を、いやというほど見てきました。地道な活動をせず、威張《いば》りくさり、仲間同士で集まっては、陰《かげ》で、学会への批判《ひはん》、文句を言い、うまい儲《もう》け話を追い求める。そういう幹部の本質は、私利私欲《しりしよく》なんです。

結局、彼らは、金銭問題等を起こし、学会に迷惑をかけ、自滅していきました。皆、最後は惨《みじ》めです。仏罰《ぶつばち》に苦しんでいます。仏法の因果《いんが》は厳しい。人の目はごまかせても、仏法の生命の法則からは、誰人《たれびと》も逃《のが》れられない。

人間革命、宿命転換、一生成仏のための信心です。それには、見栄《みえ》、大物気取り、名聞名利《みょうもんみょうり》の心を捨てて、不惜身命《ふしゃくしんみょう》の精神で戦う以外にない。広宣流布への師弟不二の信心を貫《つらぬ》き通していくことです。遊び、ふざけなど、絶対にあってはならない」

伸一は、祈るような思いで語っていった。

「生涯《しょうがい》、一兵卒《いっぺいそつ》となって、広宣流布のため、同志のために、黙々《もくもく》と信心に励《はげ》んでいくことです。唱題に唱題を重《かさ》ねながら、会員の激励《げきれい》に、座談会の結集に、機関紙の購読推進《こうどくすいしん》に、弘教《ぐきょう》に、地を這《は》うように、懸命《けんめい》に走り回るんです。それが仏道修行です。それ以外に信心はない。勇ましく号令をかけることが、信心だなどと、勘違《かんちが》いしてはならない。

模範の一兵卒たり得てこそ、広布の大リーダーの資格がある。私は、君たちが五十代、六十代、七十代……と、どうなっていくか、見ています。人生の最後をどう飾るかだよ。(中略)創価の師弟の大道を全《まっと》うして、広宣流布の歴史に名前を残してほしい……」

(小説『新・人間革命』第23巻「敢闘《かんとう》」の章、368~370ページ)

創価の宗教改革――化儀《けぎ》について

――世界広布に邁進《まいしん》する創価学会に嫉妬《しっと》した日顕ら宗門《しゅうもん》は1990年（平成2年）から、C作戦を実行してきましたが、ことごとく失敗に終わります。焦《あせ》りを募《つの》らせ、91年（平成3年）11月、「破門通告書」を送り付け、一方的に学会を破門してきました。

その文書には「（学会は）葬儀《そうぎ》をはじめとする冠婚葬祭《かんこんそうさい》などの儀式法要を、僧侶《そうりょ》不要として信徒のみで独自に執行《しっこう》したり、塔婆《とうば》や戒名《かいみょう》等を無用とするなどの邪義《じゃぎ》を立てております。これらは、己義《こぎ》をもって、本宗伝統の化儀《けぎ》を改変する大謗法《だいほうぼう》であります」と珍説《ちんせつ》を唱《とな》えていました。

宗門が送り付けてきた「破門通告書」は、御書の一文もなく、教義的な裏付けが全くありませんでした。この事実こそ、御書をないがしろにし、日蓮大聖人の精神が消え去っていた宗門《しゅうもん》の実態を雄弁《ゆうべん》に物語っていたのです。

結局、宗門が学会攻撃の根拠《こんきょ》にしていたのは、大聖人が説き示された仏法に基《もと》づかないものばかりでした。

まさに「創価の宗教改革」は「大聖人直結」「御書根本」の信心を取り戻す戦いでした。その大きな柱《はしら》として学会は御書に基づき、「友人葬《ゆうじんそう》」をはじめ「葬儀《そうぎ》革命」を行いました。

すると、葬儀などの化儀《けぎ》を自《みずか》らの食いぶちにしてきた宗門は相当焦《あせ》ったのでしょう。「友人葬」が始まった直後の91年10月、「通告文」なる文書で「必ず所属寺院の住職・主管の引導《いんどう》によって葬儀を執行《しっこう》しなければならない」と強弁《きょうべん》し、それに反して坊主《ぼうず》不在の葬儀を執行した場合は「即身成仏《そくしんじょうぶつ》どころか必定堕地獄《ひつじょうだじごく》となります」と恫喝《どうかつ》してきたのです。

ところが、これは御書のどこにもない邪義《じゃぎ》です。故人の成仏について、大聖人は御書に厳然《げんぜん》とつづり残されています。「されば過去の慈父尊霊《じぶそんりょう》は存生《ぞんしょう》に南無妙法蓮華経と唱《とな》へしかば即身成仏の人なり」（1423ページ）「故聖霊《こしょうりょう》は此《こ》の経の行者《ぎょうじゃ》なれば即身成仏疑《うたが》いなし」（1506ページ）——どこまでも、本人の生前の信仰と実践が成仏を決めると強調されているのです。

さらに「十二時の法華経をよましめ談義《だんぎ》して候《そうろう》ぞ、此れらは末代悪世《まつだいあくせ》には一えんぶだい《閻浮提》第一の仏事《ぶつじ》にてこそ候《そうら》へ、いくそばくか過去の聖霊も・うれしくをぼすらん」（1065ページ）と、遺族《いぞく》の信仰の実践が重要であると述べられるなど、「葬儀の在《あ》り方《かた》」に通じる御教示もなされています。

また、追善回向《ついぜんえこう》についてもこう仰《おお》せです。「今日《いま》蓮等の類《たぐ》い聖霊を訪《とぶら》う時法華経を読誦《どくじゅ》し南無妙法蓮華経と唱え奉《たてまつ》る時・題目の光無間《ひかりむけん》に至《いた》りて即身成仏せしむ、廻向《えこう》の文《もん》此れより事起《ことおこ》るなり」（712ページ）と。大聖人直結の信仰を貫《つらぬ》き、広布に邁進《まいしん》している学会員が、自らの題目の功力《くりき》を送ることこそ、最高の追善回向であり、故人を成仏に至らしむることになります。

学会の「友人葬」は、大聖人の仏法の本義に則《のっと》ったものなのです。

「化儀」で荒稼ぎ　卑劣な宗門の実態

――宗門《しゅうもん》は〝坊主《ぼうず》による葬儀《そうぎ》〟の強要《きょうよう》とともに、「戒名《かいみょう》」や「位牌《いはい》」、「塔婆供養《とうばくよう》」や「法要」が〝成仏に不可欠〟であるかのように吹聴《ふいちょう》していました。

そもそも、釈尊《しゃくそん》の葬儀は、出家の弟子は関与《かんよ》しておらず、在家《ざいけ》の人たちだけで行われています。仏教が葬儀と結び付くきっかけは、中国に伝来してからのことでした。

「戒名」は中国の慣習に基《もと》づいたもので、日本で普及したのは「檀家《だんか》制度」が定着する1700年ごろで、亡くなったら僧から「戒名」を授《さず》かることが義務化されました。わずか300年ほどの歴史しかなく、仏教国の中で、このような慣習は日本だけです。当然、「戒名」という言葉自体、大聖人の御書にはありませんし、大聖人が在家信徒の死後に「戒名」を授けたという記録も残っていません。

また「位牌」も仏教とは無関係です。成仏と関係ない「戒名」を発表する程度のものに過ぎません。「位牌」については、御書はおろか、種々の仏典にも書かれていないのです。

また、宗門は「板塔婆《いた》」を立てることを成仏の要件としていますが、大聖人が門下に対して、塔婆を立てるよう命じた御書など一つもありません。

そもそも、大聖人が師である道善房や両親を亡くした時にも塔婆を立てたなどという記録もないのです。「板塔婆」は平安時代の終わりごろから始まった日本だけの風習とされ、仏法の本義とは無縁《むえん》なのです。

——結局、宗門は衆生《しゅじょう》を成仏へと導くための行いであるはずの「化儀《けぎ》」を金《かね》儲《もう》けの道具にしていました。

学会が友人葬《ゆうじんそう》を導入して以降、人の不幸につけ込むように、葬儀を悪用して荒稼《あらかせ》ぎしていた宗門の悪行《あくぎょう》が次々と明らかになりました。

「御供養《ごくよう》が足りません。祭壇《さいだん》がいくら立派でも、こんな御供養では故人は成仏しませんよ」と放言する坊主《ぼうず》。また、末寺で葬儀《そうぎ》を行った信徒が法外の供養を請求されていたこともありました。例えば、ある信徒は「通夜《つや》御供養代30万円」「告別式《こくべつしき》御供養代50万円」「初七日《しょなのか》御供養代30万円」「客殿《きゃくでん》使用料50万円」と書かれた4枚の封筒を坊主から渡され、さらに「仮《かり》通夜御供養代」で7万円、車を使っていないのにもかかわらず「お車代」で1万円、計168万円も請求されたといいます。

かつて、寺で勤行をしない理由を聞かれた日顕の息子・阿部信彰（日明）は、「私はプロだよ。お金にならないお経は読まない」と言いました。これが坊主の性根なのです。

戒名《かいみょう》もしかり。生前の戒名を相談すると「50万円から100万円」と放言する坊主。字数について「2字追加します。50万円にまけておきます」とぬけぬけと遺族《いぞく》に話す坊主もいました。

そして、何より宗門《しゅうもん》の末寺が最大の収入源にしたのは、塔婆《とうば》供養でした。

信徒として寺に所属していた多くの学会員を利用して定期的に金を稼《かせ》ごうと悪知恵《わるぢえ》を働かせていたのです。

ある坊主は〝塔婆供養はあくまでも一人一人がするもの〟〝借金してでもやれ〟などと脅《おど》しをかけ、遺族5人それぞれの四十九日までの忌日《きにち》7本分、合計35本分（1本2千円）の塔婆供養を収奪《しゅうだつ》。こうした話は枚挙《まいきょ》にいとまがありませんでした。この宗門の体質はいまだに残っており、宗門の悪行《あくぎょう》の数々は断じて忘れてはならないのです。

一方で、宗門には、肝心の故人に対する追善《ついぜん》の真心は全くといっていいほどありませんでした。それを象徴《しょうちょう》するのが大石寺での「遺骨《いこつ》大量不法投棄《とうき》事件」です。1979年（昭和54年）9月、大石寺が遺族から預《あず》かっていた大量の遺骨を、約200もの〝米袋《こめぶくろ》〟に詰《つ》め込み、大石寺境内《けいだい》の空き地に、ゴミ同然に投棄していたという前代未聞《ぜんだいみもん》の事件でした。2003年（平成15年）には最高裁から宗門に遺族4人への合計200万円の慰謝料《いしゃりょう》支払いを命じる判決が確定しました。

この事件は社会的にも大問題となり、識者や他宗からも批判《ひはん》が殺到《さっとう》しましたが、反省なき宗門《しゅうもん》では、近年も遺骨に関する問題が絶《た》えません。16年（平成28年）5月には、大石寺の納骨堂で遺骨《いこつ》の紛失が発覚し、翌17年（平成29年）1月、遺《い》族《ぞく》に解決金30万円を支払っています。

総本山だけではありません。末寺においても、違法・無許可な納骨業務が次々と明らかになり、1990年代だけで実に70カ寺以上が告発されました。また2017年にも、奈良県の見仏寺、隆妙寺が違法納骨で書類送検されています。

宗門は、反社会的な集団に過ぎないのです。

「友人葬」の導入が精神風土の変革に
――仏教が日本で葬儀《そうぎ》と結び付いて〝葬式仏教〟となった原因は何でしょうか？

仏教による葬送儀礼《そうそうぎれい》が民衆レベルまで普及したのは、室町《むろまち》時代の中期以降でした。そして江戸時代の「檀家制度《だんか》」によって、日本仏教は死を生業にする葬送儀礼中心の体質と化しました。

この制度は「寺請制度《てらうけ》」とも呼ばれ、キリスト教を禁止して民衆を支配するための〝宗教統制〟といえます。寺院が発行する「寺請証文」（檀徒《だんと》証明書）がなければ、人々は結婚も旅行もできず、生活が成り立ちませんでした。それゆえ、坊主《ぼうず》は絶大な権力を握《にぎ》りました。

さらに、徳川幕府は「自讃毀他《じさんきた》」を禁止し、布教を禁じました。仏教各派は信徒をつなぎとめ、寺院を維持《いじ》するために、葬儀の執行《しっこう》、戒名《かいみょう》授与や塔婆供養《とうばくよう》の奨励《しょうれい》、年忌《ねんき》法要や盆《ぼん》と彼岸《ひがん》の墓参りの徹底《てってい》などを行いました。そのことで仏教各派は現実の人生の苦悩と向き合うことから離《はな》れて、儀式を行うことだけになったことから〝葬式仏教〟とまでいわれるようになってしまったのです。

それは日本社会に深く浸透《しんとう》し、仏教各派の堕落《だらく》の淵源《えんげん》となるのみならず、大勢《たいせい》に順応する国民性など、封建《ほうけん》的な精神風土を築く一因ともなりました。

――創価の「葬儀革命」は日顕宗《にっけんしゅう》の邪義《じゃぎ》を打ち破《やぶ》っただけでなく、日本の精神風土の変革にもつながりました。

権力で民衆を威嚇《いかく》し、供養《くよう》を巻き上げる――宗門《しゅうもん》の実態は江戸時代に形成された葬式仏教そのものでした。一方で、学会の歩みは創立以来、儀式偏重《へんちょう》の宗門の体質とは一線を画していました。

牧口先生は「従来《じゅうらい》の日蓮正宗の信者の中に『誰《たれ》か三障四魔《さんしょうしまきそ》競へる人あるや』と問はねばなるまい」「魔が起こらないで、人を指導してゐるのは『悪道に人をつかはす獄卒《ごくそつ》』でないか」と語られ、「信者」と「行者《ぎょうじゃ》」の区別をはっきりされ、実践に重きを置かれていました。

だからこそ、この信心をしたら「功徳《くどく》があるか、ないか」を生活の中で実験証明し、その体験を発表し合う「大善生活《だいぜんせいかつ》実験証明座談会」を活動の軸《じく》としていたのです。牧口先生は大聖人の仏法を、「人間のための宗教」「民衆のための宗教」として、庶民《しょみん》の生活の中によみがえらせていったのです。戸田先生、池

仏道修行で得た功徳を先祖や故人へ回らし向けることが追善回向の本義――真心の題目を送る創価家族（上＝岩手・みちのく池田記念墓地公園、下＝中部池田記念墓地公園）

田先生も、真正《しんせい》の「法華経の行者」として、広布を阻《はば》む「魔」を呼びいだされながら、大聖人の精神を取り戻す民衆仏法の大道を開いてくださいました。そして宗教の「正邪《せいじゃ》」を見抜く賢明《けんめい》な庶民《しょみん》の連帯は築かれていきました。

友人葬《ゆうじんそう》が導入されてから約30年。今や、日本社会で大きく定着し、各界の識者からも、〝時代を先取りした〟〝日本の葬儀《そうぎ》に革命をもたらした〟等の評価が寄せられています。

これまで「学会員ではないが友人葬でお願いしたい」との要望もたくさんありました。さらに友人葬に参列し、感銘《かんめい》を受けた方々が学会に入会する例も多くありました。宗門《しゅうもん》を打ち破《やぶ》った「創価の宗教改革」は、日本の精神風土の変革にもつながっているのです。

創価の宗教改革――「広宣流布大誓堂」建立

「法難」を勝ち越え「世界宗教」へ飛翔

――世界宗教として飛翔《ひしょう》する学会は、創立90周年を迎えました。

これまで語ってきました「第2次宗門事件」や政治権力による学会弾圧《だんあつ》は、日蓮大聖人の御遺命《ごゆいめい》である世界広宣流布を実現するためには、避《さ》けて通れない「必然の法難《ほうなん》」でした。

「三類《さんるい》の敵人《てきじん》を顕《あらわ》さずんば法華経の行者《ぎょうじゃ》に非《あら》ず之《これ》を顕すは法華経の行者なり」（御書441ページ）との御金言を身読《しんどく》した戦いだったのです。この闘争を経《へ》て、創価学会の信心こそ、仏意仏勅《ぶついぶっちょく》にかなった、日蓮仏法の正統《せいとう》であることが証明されたのです。

池田先生は、かつて、ご自身の生涯《しょうがい》を展望され、「八十歳まで……世界広布の基盤完成なる哉《かな》」とつづられました。その通り、先生の全精魂《ぜんせいこん》の指揮のもと、世界広布の基盤は盤石《ばんじゃく》に築かれ、２００８年（平成20年）、先生は80歳を迎えられたのです。

――学会は２０１０年（平成22年）、「広宣流布大誓堂」、「創価文化センター」の建設計画を発表しました。

池田先生が築かれた世界広布の流れを永遠たらしめ、学会の永遠性を確立するため、世界広宣流布を推進《すいしん》する教団の本部として、どのような機能を持たせていくのか。これが事業の柱《はしら》であり、具体的には「会員第一の本部」、また「創価三代の会長を宣揚《せんよう》する本部」、この2点を体現することが目的でした。

その考えを基《もと》に、10年4月には、「恩師記念会館」が完成。同志や友人が自由に集うことができ、三代の会長の思想や足跡《そくせき》を発信する施設《しせつ》として、12年（平成24年）12月、「創価文化センター」が誕生《たんじょう》しました。そして「広宣流布大誓堂」が落《らっ》慶《けい》したのは、13年（平成25年）11月。牧口先生・戸田先生の法難《ほうなん》70年、学会本部が信濃町に移転してから60年の佳節でした。

「広宣流布大誓堂」は求道の同志の中心道場

――「広宣流布大誓堂」が建立《こんりゅう》された意義を教えてください。

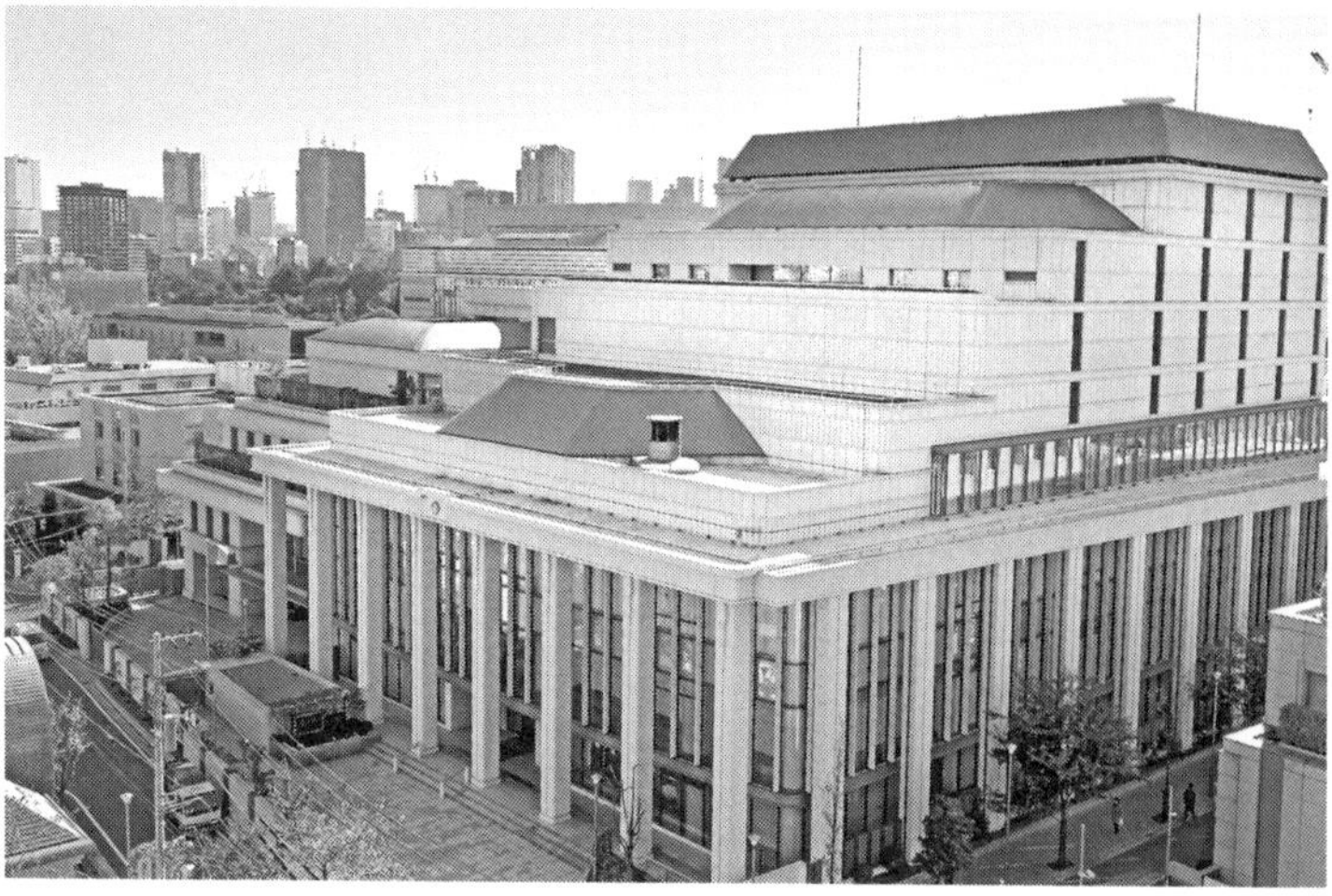

師弟勝利の大殿堂と輝く「広宣流布大誓堂」

戸田先生が戦後、学会の再建に立たれた当時、会館はありませんでした。独自の本部もなく、東京・西神田にあった戸田先生の会社の2階を本部として使用していましたが、多くの会員が一堂に集まれるだけのスペースはなかったのです。

その中で戸田先生は常々《つねづね》、「私のいるところが本部だ」と言われ、縦横無尽《じゅうおうむじん》に広布の指揮を執《と》られました。池田先生もまた信濃町の学会本部を基点に、日本全国、世界各地を駆け巡《めぐ》りながら、広布の指揮を執られ、令法久住《りょうぼうくじゅう》の道を開かれました。師と共に広布の歴史は展開されてきたのです。

この歴史を通し、「大誓堂」完成の折《おり》、原田会長は言われました。「同志は、戸田先生を求めて西神田の旧学会本部へ、池田先生を求めて信濃町の学会本部へと訪《おとず》れてきました。師匠への勝利の誓願《せいがん》、そして勝利の報告。この師弟共戦のリズムの中で、一人一人が人生と広布の〝栄光の歴史〟を開いてきたのです」と。世界中の求道の同志が集い合って世界広布を誓願する中心道場こそ「広宣流布大誓堂」なのです。

池田先生は「大誓堂」の碑文《ひぶん》に「我《われ》ら民衆が世界の立正安国《りっしょうあんこく》を深く祈念し、いかなる三障《さんしょう》四魔《しま》も恐るることなく、自他共の人間革命の勝利へ出発せる師弟誓願の大殿堂なり」としたためられています。

「大誓堂」の大礼拝室には「大法弘通慈折広宣流布大願成就《だいほうぐつうじしゃくこうせんるふだいがんじょうじゅ》」としたためられた学会常住《じょうじゅう》の御本尊が御安置《ごあんち》されています。戸田先生は、この御本尊を学会本部に御安置し、75万世帯の願業《がんぎょう》を達成され、日本の広宣流布の基盤を築かれました。そして池田先生は、本部の師弟会館にこの御本尊を御安置し、日々、広布誓願の祈りを捧《ささ》げられながら、世界に妙法を流布されてきました。学会常住の御本尊は、未聞《みもん》の世界広布を開く大車軸《だいしゃじく》となってきたのです。

——世界各地の尊《とうと》き地涌《じゆ》の勇者を迎える「大誓堂」には、南側と北側それぞれに8本の柱《はしら》が立ち並んでいます。池田先生は、この8本の柱を、法華経の「当起遠迎《とうきおんごう》、当如敬仏《とうにょきょうぶつ》」（当《まさ》に起《た》って遠く迎《むか》うべきこと、当に仏を敬《うやま》うが如《ごと》くすべし）の8文字の象徴《しょうちょう》と強調されました。

まさに池田先生の「会員第一」のお心を象徴《しょうちょう》するものです。

大聖人は、この「当起遠迎当如敬仏《とうきおんごうとうにょきょうぶつ》」の8文字が「最上第一の相伝《そうでん》」（御書781ページ）であるとまで仰《おお》せです。

先生はこの大聖人の御金言を通し、「8本の柱《はしら》」を「『法華経の心』、すなわち学会員を仏の如《ごと》くに大切にする『創価の心』を体《たい》した八文字の象徴なり」とつづられました。

一方、この法華経の精神、大聖人の精神に逆行《ぎゃっこう》するのが宗門《しゅうもん》です。

日顕は信徒を仏の如く敬《うやま》うどころか、〝現代の大聖人様〟を気取り、信徒に土《ど》下座《げざ》のような「伏《ふ》せ拝《はい》」までさせていました。

さらに、日顕宗《にっけんしゅう》はいまだに、大石寺に参詣《さんけい》しなければ、〝罪障消滅《ざいしょうしょうめつ》できない〟などと脅《おど》し、信徒に登山を強要《きょうよう》している。

その宗門の言い分は、大聖人の仏法に真《ま》っ向《こう》から違背《いはい》する邪義《じゃぎ》です。

「娑婆即寂光《しゃばそくじゃっこう》」こそ大聖人の仏法の本義であり、どこにいようと、真剣に仏道修行に励《はげ》む人が今いるその場所こそ、寂光土《じゃっこうど》です。

「南無妙法蓮華経を修行せん所は・いかなる所なりとも常寂光《じょうじゃっこう》の都・霊鷲山《りょうじゅせん》なるべし」（御書811ページ）の御聖訓《ごせいくん》の通りです。

〝登山しないと罪障消滅できない〟などとする宗門の魂胆《こんたん》は、信徒から御開扉《ごかいひ》料《りょう》などの供養《くよう》を巻き上げる、金集めに過ぎないのです。

事実、末寺では、信徒に一年に複数回の登山を押し付け、さらには登山できない信徒に、御開扉料を払って登山したことにする「付願《つけねがい》」登山まで行われているのです。

どこまでも信徒蔑視　日顕宗の悲惨な実態

――「広宣流布大誓堂」のデザインは、どんなコンセプトだったのでしょうか？

「大誓堂」の設計を進める際、池田先生から、〝寺院仏教ではないのだから、華美《かび》ではなく、質実剛健《しつじつごうけん》でいくんだよ〟との重要な指導をいただきました。

この指導を基《もと》に、原田会長を中心に協議を重《かさ》ね、建築が進められていきました。

そして、地上7階建ての「大誓堂」は、地下22メートル（通常のビル5階分）まで掘り下げて到達《とうたつ》した、強固な地盤《じばん》（1平方メートル当たり、50トンの重さに耐《た》えられる強度）に直接、建物の基礎となる鉄筋《てっきん》コンクリートが組み上げられた頑丈《がんじょう》なつくりとなったのです。

また、デザインも周囲の街並みに調和するよう、設計されています。実際に工事に当たってくださった関係者は「最高レベルの設計・建設技術を結集したもの」と語っていました。

振り返れば、戸田先生の事業が窮地《きゅうち》に陥《おちい》った苦難の渦中《かちゅう》、本部となる独自の建物を持つことを夢としていた戸田先生に池田先生は誓《ちか》われています。「広宣流布のための立派なビルも建てます。どうか、ご安心ください」と。

まさに「大誓堂」をはじめ、各地の会館は師弟の誓いの証《あか》しでもあるのです。

他方、寺院仏教に成り下がったのが日顕宗《にっけんしゅう》です。日顕は登座《とうざ》以来、日達法主時代に建てた大客殿《だいきゃくでん》や正本堂《しょうほんどう》等を次々と壊《こわ》し、新客殿や奉安堂《ほうあんどう》を建設するなど、執拗《しつよう》に総本山の建物をつくり変えてきた。その根にあるのは、池田先生への嫉《しっ》妬《と》であり、その業績を全て否定したかっただけなのです。

日顕が壊した大客殿は、池田先生が世界広布を展望され、自《みず》ら世界各国を駆け巡《めぐ》って名材や名石を集め、学会員らの真心の供養《くよう》として建立《こんりゅう》寄進《きしん》されたものでした。正本堂は歴史的な建造物でしたが、日顕はわずか26年で破壊《はかい》しました。

また、日顕が大石寺に建てた客殿や奉安堂は、伝統と権威《けんい》を誇《ほこ》る京都や奈良の伽藍《がらん》寺院を真似《まね》た建物でした。客殿は東本願寺や東大寺を比較検討しながら設計されたといいます。奉安堂も「東大寺と長野の善光寺を足して二で割ったようなもの」と宗内《しゅうない》でも笑われていました。

そもそも奉安堂は、5千人も入れる建物にもかかわらず、信者用のトイレすらありませんでした。信徒蔑視《べっし》の宗門《しゅうもん》の体質を如実《にょじつ》に示す話です。

宗門にとって寺院は、自分たちを権威づけるものに過ぎないのです。

ともあれ、学会の総本部には「広宣流布大誓堂」の建立によって、世界宗教の陣容《じんよう》が整《ととの》い、その後、世界広布の教団として、大聖人の仏法の本義に基《もと》づいた会則改正、会憲《かいけん》制定が行われていきます。

創価の宗教改革――『教義条項』の改正

――創価学会会則の「教義条項《じょうこう》」の改正が行われた理由は何でしょうか?

学会が、真の世界宗教として本格的に飛翔《ひしょう》をする体制を整えるため、2014年（平成26年）11月に「教義条項」の改正は行われました。

所定の手続きを経《へ》て、総務会で議決されたものです。改正の理由は、原田会長が全国総県長会議で「創価学会の宗教的独自性をより明確にし、世界広布新時代にふさわしいものとするとともに、現在の創価学会の信仰の実践・実態に即した文言にするため」と説明した通りです。

――改正後の「教義条項」には「この会は、日蓮大聖人を末法の御本仏と仰《あお》ぎ、

根本の法である南無妙法蓮華経を具現された三大秘法を信じ、御本尊に自行化《じぎょうけ》他《た》にわたる題目を唱《とな》え、御書根本に、各人が人間革命を成就《じょうじゅ》し、日蓮大聖人の御遺命《ごゆいめい》である世界広宣流布を実現することを大願《だいがん》とする」と記されています。

「問《と》うて云《いわ》く如来滅後《にょらいめつご》二千余年・竜樹《りゅうじゅ》・天親《てんじん》・天台《てんだい》・伝教《でんぎょう》の残したまえる所の秘法は何物ぞや、答えて云く本門の本尊と戒壇《かいだん》と題目の五字となり」（御書336ページ）との御金言のまま、大聖人は末法の全民衆が成仏できるように、根本の法である南無妙法蓮華経を「三大秘法」、すなわち、本門の本尊・本門の題目・本門の戒壇として具体的に顕《あらわ》されました。

大聖人の仏法の本義は「根本の法である南無妙法蓮華経を具現された三大秘法を信じ、御本尊に自行化他にわたる題目を唱え」ることにあります。

そして、「本門の本尊」とは、「末法の衆生《しゅじょう》のために日蓮大聖人御自身が御図《ごず》顕《けん》された十界《じっかい》の文字曼荼羅《もじまんだら》と、それを書写した本尊」です。

また「本門の題目」とは、「本門の本尊」に唱える南無妙法蓮華経の題目で、「本門の戒壇」とは、「本門の本尊」に題目を唱える場を指します。

これが大聖人の仏法の本義に立ち返った正しい解釈《かいしゃく》です。

日蓮仏法は、万人に開かれたものであり、三大秘法はあくまで一人一人の信仰において受け止められなければなりません。

ある場所に特定の戒壇があり、そこに安置《あんち》する御本尊が根本の御本尊で、その他の御本尊はそれにつながらなければ力用《りきゆう》が発揮されないという、あたかも〝電源と端子《たんし》〟の関係であるかのような本尊観は、世界広宣流布が事実の上で伸展《しんてん》している現在と将来において、かえって世界広布を阻害《そがい》するものとなりかねないのです。

その上で、この改正において重要なポイントは、大謗法《だいほうぼう》の教団と成り果てた日蓮正宗の総本山にある「弘安《こうあん》2年（1279年）の御本尊」を受持《じゅじ》の対象にしないと、明確にしたことです。

——学会が大石寺にある「弘安2年の御本尊」を受持の対象としないことに

ついて、日顕宗《にっけんしゅう》は〝「弘安《こうあん》2年の御本尊」を否定した〟〝「出世《しゅっせ》の本懐《ほんかい》」を否定した〟などと的外《まとはず》れの難癖《なんくせ》をつけています。

仏法の本義に基《もと》づけば、「弘安2年の御本尊」も「本門の本尊」の一つですが、大謗法《だいほうぼう》の地となった大石寺にあるため「受持《じゅじ》の対象としない」と決めたのです。身延など他教団の本尊を拝《はい》さないのと同じ論理であり、至極《しごく》当然の道理なのです。

そして、「出世の本懐」が「弘安2年の御本尊」をしたためられたことに「限定」されることなど御書のどこにも書かれていません。それどころか、阿仏房《あぶつぼう》に与えられた御本尊を「出世の本懐とはこれなり」（御書1304ページ）と示されています。

つまり、御書に照らせば、「弘安2年の御本尊」だけを「本門の本尊」とする根拠《こんきょ》はないことが明白です。

また、熱原《あつはら》の法難《ほうなん》の渦中《かちゅう》である弘安2年に書かれた「聖人御難事《しょうにんごなんじ》」で大聖人は、釈尊《しゃくそん》、天台大師、伝教大師が、それぞれ数十年にわたる忍難弘通《にんなんぐつう》の末に「出世の本懐」を遂《と》げた点に触《ふ》れた上で、「余は二十七年なり」（御書１１８９ページ）と強調されています。それは、これまでの大難の中、立宗《りっしゅう》から27年目の弘安２年にして、三大秘法の仏法を受持し、不惜《ふしゃく》の信仰を貫《つらぬ》く農民信徒が出現したことを鮮明にするためであると拝されます。

つまり、大聖人の「出世の本懐」の本義は、末法万年の一切衆生《いっさいしゅじょう》の救済のために三大秘法を確立されたことです。それとともに、重要なことは、熱原の法難において、農民信徒たちが大難に負けない「不惜身命《ふしゃくしんみょう》」の信心を示したことによって証明された「民衆仏法の確立」ということです。

僧でも、武士でもない農民が、地涌《じゆ》の菩薩《ぼさつ》の使命に目覚《めざ》め、広宣流布の主体者として立ち、死身弘法《ししんぐほう》の信仰を貫くにいたりました。民衆が不撓不屈《ふとうふくつ》の信心を確立してこそ、広宣流布の成就《じょうじゅ》があります。そこに大聖人の生涯《しょうがい》を通しての戦いがあったことは明らかです。

宗門の本尊観に何の文証も無し
――また日顕宗《にっけんしゅう》では、日寛上人《にちかん》の六巻抄《ろっかんしょう》等を依《よ》りどころに〝弘安《こうあん》2年の御本尊が根本〟などと言い張っています。

日寛上人の依義判文抄《えぎはんもんしょう》には「三大秘法を合《がっ》する則《とき》は但《ただ》一大秘法の本門の本尊と成《な》るなり。故《ゆえ》に本門戒壇《かいだん》の本尊を亦《また》三大秘法惣在《そうざい》の本尊と名《な》づくるなり」とあります。これらを依りどころに日顕宗は本門戒壇の本尊（弘安2年の御本尊）が「三大秘法」に開く「一大秘法」であり、根本の本尊だと位置づけていますが、これについても、既《すで》に「教義条項《じょうこう》」改正に関する解説の中で説明済みです。

まず「一大秘法」が「本門の本尊」であるという大聖人自身の御文はありません。御書のどこにも〝「弘安2年の御本尊」が根本〟などとは書かれていません。御書を拝《はい》せば、「妙法蓮華経の五字」「但此《こ》の一大秘法を持して」（1032ページ）とある通り、大聖人は「妙法蓮華経の五字」を「一大秘法」として明かされているのです。宗門《しゅうもん》は学会に難癖《なんくせ》をつけるために、御書を無視して批判《ひはん》を重《かさ》ねている。

それは「仏説《ぶっせつ》によらずば何ぞ仏法と云《い》う」（御書462ページ）と大聖人が破折《はしゃく》されている通りの、仏法への敵対行為《こうい》にほかならないのです。

学会はかつて、宗門の信徒団体として、宗門の教義解釈《かいしゃく》を尊重《そんちょう》してきましたが、大聖人に違背《いはい》した宗門と決別した現在、世界広布を実現するために、日蓮仏法の本義に立ち返った教学を確立する責務があります。

日寛上人の教学は、大聖人の正義を明らかにする普遍性《ふへんせい》のある部分と、当時の疲弊《ひへい》しきった宗門の正統性《せいとうせい》を強調する時代的な制約のある部分があります。それを立て分けることは、世界宗教にふさわしい教学の確立のために不可欠です。

その上で仏法の本義に基《もと》づき、日寛上人が書写した御本尊を受持《じゅじ》することは何の問題もありません。書写の御本尊も根本の法である南無妙法蓮華経を具体的に顕《あらわ》された「本門の本尊」になるからです。

――そもそも〝「弘安《こうあん》2年の御本尊」が根本〟という宗門《しゅうもん》ですが、日顕はその本尊を〝偽物《にせもの》〟と断定していました。

この事実は、1999年（平成11年）7月、日顕の腹心《ふくしん》だった河辺慈篤の直筆《じきひつ》メモが公表されたことで、明らかになりました。そのメモには「戒旦《かいだん》の御本尊のは偽物である。種々方法の筆跡鑑定の結果解った。（字画判定）」との日顕の発言が克明《こくめい》に残されていました。メモの発覚に大慌《おおあわ》ての日顕は、まともに言い逃《のが》れができず、結局、筆者・河辺の「記録ミス」とし、河辺に謝罪させ、収束《しゅうそく》を図《はか》りました。

文証《もんしょう》も無く〝弘安2年の御本尊が根本〟と強弁《きょうべん》しているにもかかわらず、法主がそれを〝偽物〟と断定した――宗門の本尊観はいい加減極《きわ》まりないのです。

さらには「法華弘通《ほっけぐつう》のはた《旌》じるし」（御書1243ページ）「一念三千《いちねんさんぜん》を識《し》らざる者には仏・大慈悲《だいじひ》を起《おこ》し五字の内に此《こ》の珠《たま》を裹《つつ》み末代幼稚《まつだいようち》の頸《くび》に懸《か》けさしめ給《たも》う」（同254ページ）と、大聖人は民衆の幸福のため、広布の大願成就《だいがんじょうじゅ》のために御本尊を顕《あらわ》されました。しかし、宗門は、初代会長の牧口先生の時代から現在に至《いた》るまで折伏《しゃくぶく》し、本尊下付《かふ》することなど全くといっていいほどやっていない。

近年では、無謀《むぼう》な信者勧誘《かんゆう》の目標を達成するため、末寺では数合わせだけの「授戒《じゅかい》・勧誡《かんかい》」に明け暮《く》れ、本尊下付はそっちのけなのです。2018年（平成30年）末、ある末寺では一年間で480人以上が入信したことになっていましたが、本尊下付は、たった9世帯だったという。御本尊をないがしろにする宗門の哀《あわ》れな実態です。

それを棚に上げて、〝「弘安2年の御本尊」を拝《おが》まなければ罪障消滅《ざいしょうしょうめつ》できない〟〝本山の御本尊が根本だから、本山に参詣《さんけい》しなければ功徳《くどく》はない〟と恫喝《どうかつ》し、信徒に登山を強要《きょうよう》しています。宗門にとって、御本尊は、信徒支配、供養《くよう》集めの道具に過ぎない。まさに大石寺は大謗法《だいほうぼう》の地なのです。

創価学会によって「仏法西還」が実現

――衰退《すいたい》する宗門に対し、学会は世界宗教に飛翔《ひしょう》を遂《と》げました。特に宗門からの「魂《たましい》の独立」以来、世界広布は加速しました。

2021年（令和3年）で「魂の独立」から30周年を迎えます。「魂の独立」を遂げた当時の創価の連帯は世界115カ国・地域でしたが、今や世界192カ国・地域にまで広がり、「南無妙法蓮華経」の音声《おんじょう》は24時間途切《とぎ》れることなく地球を包んでいます。まさに〝仏教史の快挙《かいきょ》〟です。

アメリカでは19年（令和元年）、青年部の座談会に7000人を超える新来者が参加し、その多くが入会。20年（同2年）も真心の語らいを進め、3300人以上の未入会の青年が唱題に挑戦するなど拡大の勢《いきお》いは目覚《めざ》ましい。またインド創価学会では、15年（平成27年）に10万人の連帯となり、現在は23万人を超え、飛躍的な発展を遂《と》げています。大聖人の未来記である「仏法西還《せいかん》」を学会が果たした紛《まぎ》れもない実証なのです。

当然、この間、世界中の同志は大石寺に登山することはなく、「弘安《こうあん》2年の御本尊」を拝《おが》むこともなかったのです。「信心の血脈を受け継ぐ仏意仏勅《ぶついぶっちょく》の和合僧団《わごうそうだん》」である学会が、広布のために御本尊を授与し、学会員一人一人は、その御本尊に誓願《せいがん》の祈りを捧《ささ》げ、絶大な功徳《くどく》を受けながら、世界広布を切り開いてきたのです。我々《われわれ》の実体験からも、〝「弘安2年の御本尊」を拝まなければ功徳がない〟との宗門《しゅうもん》の言説は明らかな邪説《じゃせつ》です。

広布伸展の勢いが目覚ましいインド創価学会の友（2019年9月、ニューデリー近郊の創価菩提樹園で）

――学会が宗教的独自性を鮮明にしていく意義は何でしょうか？

「道理《どうり》証文《しょうもん》よりも現証《げんしょう》にはすぎず」（御書1468ページ）――宗門《しゅうもん》をはじめ、日蓮門下を名乗《なの》る教団はほかにもありますが、学会以上に、日蓮大聖人の御遺命《ごゆいめい》である世界広宣流布の連帯を築き上げた教団はありません。創価学会の信心こそが現実の上で、仏意仏勅《ぶついぶっちょく》にかなっていることの証明です。これが日蓮大聖人の仏法の唯一《ゆいいつ》の正統《せいとう》な世界教団という所以《ゆえん》なのです。

その学会が、大聖人の仏法の本義に基《もと》づき、世界広布を切り開いてきた信仰の実践・実態を踏《ふ》まえ、宗教的独自性を鮮明にすることは、末法万年の世界広布の道を開くことに直結するのであり、極《きわ》めて重要な意義があります。

改正されたこの「教義条項《じょうこう》」の内容は、3年後の2017年（平成29年）9月に制定された、世界教団・創価学会の憲法ともいうべき「創価学会会憲《かいけん》」にも、そのまま反映され、世界宗教としての創価学会の意義を内外に示すものとなっています。

創価の宗教改革——師弟の信心を永遠に継承

創価学会「勤行要典」に大聖人の御精神の本義

——2015年（平成27年）、創価学会「勤行要典《ようてん》」が定められ、15、16年に「創価学会会則」の改正が行われ、17年には、全世界の学会の団体と会員の根本規《き》範《はん》「創価学会会憲」が制定されました。全同志が一丸となって世界広布に進む息吹《いぶき》が感じられてなりません。

池田先生は2014年（平成26年）の全国最高協議会のメッセージで〝今年、来年と油断なく一切を勝ち切ることが万代までの勝ち戦を決する〟と指導されました。さらに16年（平成28年）には「学会の永遠性を確立するのは、まさに今この時だ」とも教えてくださいました。創価三代の師弟が貫《つらぬ》かれてきた「死身《ししん》弘法《ぐほう》」の実践によって、未聞《みもん》の世界広宣流布の大道は開かれました。この学会の師弟の魂《たましい》を万代まで継承《けいしょう》していってこそ、学会の永遠性は確立します。15年以降の一連の歩みは、その基盤をつくる取り組みでした。

それらの中身や意義については、聖教新聞に連載された「青年部が原田会長に聞く」(『広布共戦の軌跡』として単行本化)で、会長が語られています。

――21世紀に入り、SGIは190カ国・地域に発展(2008年に192カ国・地域へ拡大)し、妙法を受持《じゅじ》し、弘《ひろ》める人々の連帯は地球の隅々《すみずみ》まで広がっています。そうした中、勤行についても04年(平成16年)、それまでの「五座三座《ござさんざ》」を改め、「方便品《ほうべんぼん》・自我偈《じがげ》の読誦《どくじゅ》と唱題」が学会の勤行として制定されました。

実は、既《すで》に03年(平成15年)、SGIは「方便品・自我偈の読誦と唱題」を勤行として認定し、ますますメンバーが増え、発展を遂《と》げていました。

この本格的な世界広布の時代の到来《とうらい》という「時」の上から、師範会議、総務会での慎重《しんちょう》な審議《しんぎ》を経《へ》て、「方便品・自我偈の読誦と唱題」を学会の勤行として定めたのです。

勤行には「正行《しょうぎょう》」と「助行《じょぎょう》」があります。御義口伝《おんぎくでん》に「廿八《にじゅう》品は助行なり題目は正行なり正行に助行を摂《せっ》す可《べ》きなり」（御書794ページ）と示されているように、法華経の読誦は「助行」です。南無妙法蓮華経の唱題が「正行」であり、一生成仏を遂《と》げ、広宣流布を実現するための修行の根幹です。

そして、私たちが読誦している法華経の「方便品」と如来寿量品《にょらいじゅりょうほん》の「自我偈」の読誦は、成仏の根源の法である南無妙法蓮華経を、仏の最高の経文で賛嘆《さんたん》するという意義があります。

大聖人御自身は、御在世《ございせ》中に、方便品・寿量品を読誦し、勤行をしておられた記録が残っています。そして、御書には、ある時は門下に方便品の長行と寿量品の長行の読誦を勧《すす》め、ある時は方便品の十如是《じゅうにょぜ》までと寿量品の自我偈の読誦を勧めるなど、相手や時と場合に応じた種々の例があります。

「方便品《ほうべんぽん》」には、〝万人に仏の生命が具《そな》わっている〟という仏法の真理が示されています。そして、自我偈《じがげ》とは寿量品《じゅりょうほん》の要約であり、法華経の真髄《しんずい》でもあります。つまり、学会の「方便品・自我偈の勤行と唱題」には、大聖人の仏法における勤行の本義が欠けることなく具わっているのです。

さらに、世界宗教に飛翔《ひしょう》した学会は15年、大聖人直結の仏意仏勅《ぶついぶっちょく》の教団としての宗教的独自性をより鮮明にするため、「創価学会『勤行要典《ようてん》』」を制定したのです。

死身弘法の実践が欠如　形式主義に堕した宗門

――一方、日顕宗《にっけんしゅう》では勤行について〝五座三座《ござさんざ》だけが宗祖以来の伝統〟〝五座三座でなければ功徳《くどく》がない〟などと妄言《もうげん》を並べ、学会を批判《ひはん》してきました。

全くの邪説《じゃせつ》です。そもそも、「五座三座」の勤行形式は大聖人、日興上人の時代にはなく、御書にも「五座三座」について説かれた御文はありません。

大聖人御入滅《ごにゅうめつ》の約400年後となる17世紀から18世紀初め、大石寺では、それまで5カ所の堂宇《どうう》で行われていた丑寅《うしとら》勤行を一括《いっかつ》して一カ所で行うようになりました。また「座」とは勤行を行っていた場所のことです。これらによって、やがて「五座三座」という形になり、一般に形式化されただけです。

この勤行形式が成仏の絶対要件であるかのような言説は仏法の本義、大聖人の御精神と全く反するのです。

そもそも、「五座三座」の勤行の形式を云々《うんぬん》する宗門《しゅうもん》だが、あの日顕は、勤行嫌《ぎら》いで有名でした。普段、大石寺にいる時は、丑寅以外は勤行をしなかったという証言もありました。その丑寅勤行でさえ、何度もサボり、一族郎党を引き連れて高級温泉旅館で大豪遊《だいごうゆう》、大散財を繰《く》り返していました。揚《あ》げ句《く》の果てには、「30分ぐらい真剣に（唱題を）行うことはよいと思うのであります。しかし、それ以上は、多すぎることになってもかえって弊害《へいがい》があります」などとの珍説《ちんせつ》を唱《とな》える始末《しまつ》だったのです。

現法主・日如にしても、大願寺時代の在勤者《ざいきんしゃ》が、〝法務以外に、日如が自《みずか》ら御本尊に向かう姿《すがた》を見たことがない〟と証言していました。

さらに、歴史をさかのぼれば、宗門《しゅうもん》は戦時中、軍部政府の迫害を恐れ、神札をまつる大謗法《だいほうぼう》を犯《おか》したが、勤行の御観念文《ごかんねんもん》についても、「皇祖天照太神《こうそてんしょうだいじん》」「皇《こう》宗神武天皇《そうじんむてんのう》」などの言葉を使い、天皇と国家神道を賛嘆《さんたん》する内容に改変していました。宗門には勤行について論じる資格など全くないのです。

――会則の改正や会憲《かいけん》の制定の趣旨《しゅし》は万代の世界広布のため、学会が三代会長の精神を永遠に継承《けいしょう》することが謳《うた》われたものと理解していますが、世界宗教としての雄飛に当たり、銘記《めいき》すべきことは何でしょうか?

仏法の命脈《めいみゃく》は「師弟」の精神にあります。その「師弟」の関係とは、弟子が口先で師匠を偉大だと言っているだけでは成り立ちません。師匠に迫る「弟子の実践」があってこそ、師匠の理想や志を成就《じょうじゅ》させていくことになり、師弟の関係は成立します。

御義口伝《おんぎくでん》に「如是《にょぜ》とは所聞《しょもん》の法体《ほったい》を挙《あ》ぐ我聞《がもん》とは能持《のうじ》の人なり」（御書709ページ）とあります。「能持の人」、つまり「能《よ》く持《たも》つ人」とは、師匠から法を聞いただけではなく、それを命に刻《きざ》み、実践し続ける死身弘法《ししんぐほう》の人のことです。師匠の言葉を聞いた弟子が何人いても、その師匠の言葉を、そのまま実践に移す弟子がいなければ、令法久住《りょうぼうくじゅう》の広宣流布の道は開かれません。

池田先生は常々《つねづね》、教えてくださいました。〝広宣流布の実践を忘れたら、もはや、日蓮門下ではない〟と。

三代会長に貫《つらぬ》かれた魂《たましい》とは、広宣流布は断じて成し遂《と》げるという不惜身命《ふしゃくしんみょう》の闘争なのです。

――一方、広布に徹《てっ》し抜く死身弘法の精神も真剣な行動もなく、腐敗《ふはい》、堕落《だらく》していったのが日顕宗《にっけんしゅう》です。

その通りです。「法華経を余人《よにん》のよみ候《そうろう》は口ばかり・ことばばかりは・よめども心はよまず・心はよめども身によまず、色心《しきしん》二法《にほう》共にあそばされたるこそ貴《とうと》く候《そうら》へ」（御書1213ページ）——法華経を身読《しんどく》する不惜《ふしゃく》の闘争があったのか、なかったのか。学会と宗門《しゅうもん》を分けた決定的な違いがここにあります。

宗門には法華経を身読する師弟の闘争がありませんでした。だからこそ、出家した時点で、何の修行もしていない所化《しょけ》でも〝信徒より上〟。ろくに仏道修行をしなくても、「相承《そうじょう》」さえ受ければ、そのまま大聖人の法魂《ほうこん》を継《つ》いだ「仏」になるなど、大聖人の仏法とは正反対の「相承至上《しじょう》」「修行不要」の邪義《じゃぎ》がまかり通っています。

これが、宗門の徹底《てってい》した差別主義・権威《けんい》主義の本質なのです。

御義口伝に「当起遠迎当如敬仏《とうきおんごうとうにょきょうぶつ》」こそ「最上第一の相伝《そうでん》」（御書781ページ）と記されています。また日興遺誡置文《にっこうゆいかいおきぶみ》にも厳然《げんぜん》と「身軽法重《しんきょうほうじゅう》の行者《ぎょうじゃ》に於《お》ては下《げ》劣《れつ》の法師《ほっし》為《た》りと雖《いえど》も当如敬仏の道理に任《まか》せて信敬《しんぎょう》を致《いた》す可《べ》き事」（同1618ページ）と定められています。大聖人の仏法は、どこまでいっても、実践主義であり、現実の上で法を弘《ひろ》め、折伏《しゃくぶく》・弘教《ぐきょう》を実践し抜く人を尊《とうと》ぶことが肝要なのです。

現宗門に、大聖人と日興上人の教えを根幹とする師弟の心があれば、不惜身命《ふしゃくしんみょう》の精神で世界広宣流布を現実のものとした、牧口先生・戸田先生・池田先生の三代会長を重んじて当然です。ところが日顕は嫉妬《しっと》して、破和合僧《はわごうそう》の大謗法《だいほうぼう》を犯《おか》したのです。

人類の宿命転換決する勝負の10年を断固勝利

――これまで創価学会は、7年ごとに前進の節を刻《きざ》む「七つの鐘《かね》」を打ち鳴らしながら進んできました。第一の「七つの鐘」は、学会創立の1930年（昭和5年）から79年（昭和54年）までの間でした。そして、池田先生は、この「七つの鐘」の構想を23世紀後半まで示されていますが、その実現へ、青年部はどのように戦っていくべきでしょうか?

池田先生は7年ごとを広布のリズムとしながら、世界広布の大道を開いてくださいました。

青年部の室長だった先生は、戸田先生が逝去《せいきょ》されて1カ月後の1958年（昭和33年）5月3日、「七つの鐘」の構想を発表し、〝戸田先生の逝去から21年後には、広宣流布ができるという目標で前進すべき〟と宣言されました。

そして、第3代会長として立たれ、70年（昭和45年）には、戸田先生が願業《がんぎょう》として成就《じょうじゅ》された会員75万世帯の10倍に当たる会員世帯750万の達成が発表されています。さらに立正安国《りっしょうあんこく》の大潮流《だいちょうりゅう》を起こし、日本の広宣流布の確かな基盤をつくり上げて、恩師の逝去から21年後の79年に、第一の「七つの鐘」の終了を迎えられています。「七つの鐘」の構想の底流には、師弟不二の実践があったのです。

だからこそ、学会は仏意仏勅《ぶっいぶっちょく》にかなった世界教団として飛翔《ひしょう》を遂《と》げることができたのです。

そして、現在は、先生が〝世界平和の基盤を築く〟と展望された第二の「七つの鐘」を前進しています。

しかも今、池田先生が〝人間革命の勝利の実証と、人類の宿命転換を成し遂げていくべき勝負の時〟と指導された2030年の創立100周年への「勝負の10年」を迎えています。青年が前面に躍《おど》り出て、断じて勝ち抜く時です。

先生は指導をされています。

「師弟とは、弟子の『自覚』の問題です」「たとえ師匠から離《はな》れた地にいようとも、直接話したことがなくても、自

オンライン空間で一堂に会した世界青年部総会。世界の青年が広布後継の誓いを新たに（2020年9月27日）

分が弟子の『自覚』をもって、『師匠の言う通りに実行するのだ』と戦っていれば、それが師弟相対《そうたい》です」と。

今、青年部では「新・人間革命」世代プロジェクトが進められていますが、私たち池田門下にとって一番大切なことは、『新・人間革命』に込められた師弟の精神のままに実践を起こしていくことです。

そのために、どれほど祈り、挑戦しているか。これが弟子の全てです。

この師弟の王道を走り抜き、師の構想を実現するのが、変わらぬ青年部の使命なのです。

破邪顕正の魂を継承

小説『新・人間革命』に学ぶ⑤

生命尊厳説く仏法は人類救う〝世界宗教〟

〈山本伸一は1977年(昭和52年)2月6日、東京・信濃町で東京教育部の第1回勤行集会に出席。席上、信心の在《あ》り方《かた》について語る〉

民族や国家、あるいは、そこに受け継《つ》がれている文化や風俗《ふうぞく》、習慣が、教義の普遍性《ふへんせい》よりも先行し、絶対視されるならば、その宗教は世界化することはない。民族宗教や国家の宗教などとして終わってしまう。日蓮大聖人が、「其《そ》の国の仏

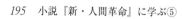

法は貴辺《きへん》にまかせ《任》たてまつり候《そうろう》ぞ」（御書一四六七ページ）と仰《おお》せになっているのも、それぞれの地域の人びとの諸事情や文化を考慮《こうりょ》し、仏法を弘《ひろ》むべきであるとのお考えの表明といってよい。

日蓮仏法は、本来、万人の生命の尊厳《そんげん》を説く、人類のため、人間のための宗教である。決して、偏狭《へんきょう》な〝日本教〟などであってはならない。したがって、日本の文化や風俗、習慣などに縛《しば》られる必要はないのである。

日蓮仏法の教えの「核《かく》」となるのは、宇宙の根本法である南無妙法蓮華経を信受《しんじゅ》し、どこまでも、「御本尊根本」「題目第一」に生きるということである。そして、共に地涌《じゆ》の菩薩《ぼさつ》として、広宣流布の使命に生き抜く師弟の、自覚と実践である。

（小説『新・人間革命』第24巻「人間教育」の章、276ページ）

皆が御本尊と直結し「民衆が主役」の学会

〈1977年（昭和52年）5月、山本伸一は、広宣流布の〝先駆の中の先駆〟の使命を担《にな》う北九州へ。23日には、北九州創価学会の支部結成17周年を記念する勤行会に出席する〉

勤行会で伸一は、既成《きせい》仏教が、今日《こんにち》、なにゆえ、葬儀《そうぎ》のための宗教のようになり、活力を失い、民衆と遊離《ゆうり》していったのかを考察していった。

「その理由は、端的《たんてき》に言えば、宗教の伝統と権威《けんい》の下《もと》に、民衆が従属《じゅうぞく》させられてきたことにあります。信徒、民衆は、教団の権威に額《ぬか》ずき、何かを捧《ささ》げなければ功徳《くどく》がない、とする一方通行的な上下の関係がつくられてしまったことです。

その結果、民衆の自発、能動《のうどう》に基《もと》づく、生き生きとした信仰活動の芽《め》は摘《つ》み取られ、宗教の活力もまた、失われてしまったと見ることができましょう。

それに対して、わが創価学会は、どこまでも民衆が主役であり、御本尊と一人ひとりが直結し、御書を根本に、互いに励《はげ》まし合いながら、自己の人間完成と幸福、そして、社会の建設をめざすものであります。いわば、私どもの広宣流布は、宗教的権威《けんい》の呪縛《じゅばく》から、民衆を覚醒《かくせい》させ、人びとの自発と能動の力《ちから》を引き出していく運動ともいえます。だからこそ、民衆の活力にあふれた、ダイナミックな活動が展開され、現代社会の新しい宗教運動の潮流《ちょうりゅう》を開くことができたのであります」

伸一は、一人ひとりが御本尊と直結した信仰であってこそ、人間の平等観が確立され、民主的な運営がなされると確信していた。彼は、日蓮仏法が、永遠に生きた宗教として栄えゆく在《あ》り方《かた》を、考え続けていたのである。

（小説『新・人間革命』第25巻「薫風」の章、240〜241ページ）

「身軽法重の行者」は広布に生きる学会員

〈1960年（昭和35年）8月、山本伸一は、創価学会伝統の夏季講習会に臨《のぞ》む。

彼は、会長就任《しゅうにん》後の、広布拡大の奔流《ほんりゅう》を、永遠なる大河とするために、大聖人に直結した信心の規範《きはん》を定めた「日興遺誡置文《にっこうゆいかいおきぶみ》」を講義していく〉

──身軽法重《しんきょうほうじゅう》の行者《ぎょうじゃ》に於《お》いては下劣《げれつ》の法師《ほっし》為《た》りと雖《いえど》も当如敬仏《とうにょきょうぶつ》の道理に任《まか》せて信敬《しんぎょう》を致《いた》す可《べ》き事。

「『身軽法重の行者』とは『身は軽く法は重し』とあるように、正法のためにいっさいを捧《ささ》げゆく、行動の人であります。

『当如敬仏』とは、『法華経』の最後の普賢品《ふげんぼん》の一節で、釈尊《しゃくそん》が普賢菩薩《ぼさつ》に対して、もしも『法華経』を受持《じゅじ》した者を見たならば、『当起遠迎《とうきおんごう》、当如敬仏』、つまり『当《まさ》に起《た》って遠く迎《むか》うべきこと、当に仏を敬《うやま》うが如《ごと》くすべし』（法華経六七七ページ）と仰《おお》せになった言葉です。

これは『法華経』における釈尊の最後の説法であり、大聖人は、これを法華経の『最上第一の相伝《そうでん》』（御書七八一ページ）とされている。まことに意義の深い言葉といえます。

つまり、経文のままに法華経を受持《じゅじ》し、弘《ひろ》める人こそ、最も尊《とうと》く、仏のごとく敬《うやま》わなくてはならないとの仰《おお》せです。

法のために何をなしたかという、実践、行動が大事なんです。大聖人の仰せのままに行動する人が最も偉大であり、尊いことを示されたのがこの御文です。『身軽法重の行者』は、現代では牧口先生であり、戸田先生です。そして、その遺志《いし》を受け継《つ》ぎ、日夜、広宣流布のために戦う、私たち創価学会員であると、私は宣言しておきます。ゆえに、敬うべきは権力者でも、高位の人間でも、金持ちでもないのです」

伸一は、いわれなき非難《ひなん》と中傷《ちゅうしょう》にさらされながら、健気《けなげ》に折伏《しゃくぶく》・弘教《ぐきょう》に励《はげ》む学会員が、いとしくてならなかった。彼は、その姿《すがた》のなかに〝仏〟を感じていた。

しかし、愚《おろ》かなことに、宗門《しゅうもん》の僧侶《そうりょ》のなかには、昔ながらの身分意識にとらわれてか、「僧侶は上」で「信徒は下」であるとの錯覚《さっかく》に陥《おちい》り、学会員を見下し、蔑《さげす》む態度をとる者が少なくなかったのである。

それは、大聖人の御精神を踏《ふ》みにじる、謗法《ほうぼう》以外のなにものでもない。（中略）

伸一は、僧侶がこの御遺誡《ごゆいかい》に目覚《めざ》める日を祈り、願いながら、講義を続けた。

（小説『新・人間革命』第２巻「錬磨」の章、144〜145ページ）

われらは果たさん！　大法弘通の大誓願を

〈1978年（昭和53年）4月、山本伸一は会長就任《しゅうにん》18周年を目前にして、吹き荒れる宗門事件の嵐《あらし》の中、敢然《かんぜん》と広布に走った。創価学会の尊き〝地涌《じゆ》の使命〟と、正義ゆえの殉難《じゅんなん》の歴史に思いを馳《は》せながら、世界広布新時代の幕《まく》を開こうと――〉

創価学会の使命は、世界広宣流布にある。法華経の精髄《せいずい》であり、一切衆生《いっさいしゅじょう》の成仏得道《とくどう》の大法である日蓮大聖人の仏法を、人びとの胸中《きょうちゅう》に打ち立て、崩《くず》れざる世界の平和と、万人の幸福を実現することにある。

大聖人は師子吼《ししく》された。

「今日蓮《いま》が時に感じて此《こ》の法門広宣流布するなり」（御書一〇二三ページ）、「法華経の大白法《だいびゃくほう》の日本国並《なら》びに一閻浮提《いちえんぶだい》に広宣流布せん事も疑《うたが》うべからざるか」（御書二六五ページ）

大聖人は、末法にあって全人類の救済のために妙法流布の戦いを起こされ、一閻浮提、すなわち全世界への大法弘通《だいほうぐつう》を誓願《せいがん》された。学会は、御本仏のその大誓願を果たすために出現した、人間主義の世界宗教である。

大聖人の正法正義《しょうほうしょうぎ》を守り抜いた、後継《こうけい》の弟子・日興上人の御遺誡《ごゆいかい》には、こうある。

「未《いま》だ広宣流布せざる間は身命《しんみょう》を捨て随力弘通《ずいりきぐつう》を致《いた》す可《べ》き事」（御書一六一八ページ）

この御遺誡のままに、学会は正義の旗を掲《かか》げ、初代会長・牧口常三郎は軍部政府の弾圧《だんあつ》と戦い、獄中《ごくちゅう》で死身弘法《ししんぐほう》の生涯《しょうがい》を閉じた。

第二代会長・戸田城聖もまた、約二年間にわたって投獄《とうごく》されている。彼は獄中にあって、〝われ地涌《じゆ》の菩薩《ぼさつ》なり〟と悟達《ごだつ》し、師・牧口の遺志《いし》を胸に、生きて牢獄を出た。広宣流布に一人立ったのだ。その正義の旗の下に、われらは集った。一人ひとりが〝地涌の使命〟をもって、この世に出現したのだ。

〝地涌の使命〟とは、広宣流布だ！

自他共《じたとも》の幸せのために、勇んで大正法を語りに語り抜いていくのだ。苦難と絶望の淵《ふち》から雄々《おお》しく立ち上がり、人間蘇生《そせい》の大ドラマを演じ、仏法の偉大なる功力《くりき》を証明するのだ。何があっても負けない、強靱《きょうじん》にして豊かな心を培《つちか》い、人格を磨《みが》き抜き、歓喜《かんき》に満ちあふれた人生を生き抜くのだ。

世界広布新時代の朝は来た。世界は、彼方《かなた》にあるのではない。自分の今いる、その家庭が、その職場が、その地域が、絢爛《けんらん》たる使命の大舞台だ。世界広宣流布の中心地なのだ。

さあ、立ち上がろう。元初《がんじょ》の太陽を胸に！

（小説『新・人間革命』第27巻「正義」の章、105〜106ページ）

永遠の広布の流れは後継の弟子で決する

〈2000年（平成12年）11月、シンガポールを訪問した山本伸一は26日、シンガポールとオーストラリアの合同最高会議に出席した。席上、彼は、シンガポールが「獅子《しし》の都」を意味することから、仏法に説く「師子」について語った〉

「仏法では、仏を『師子』と呼び、仏の説法を『師子吼《ししく》』という。大聖人は、『師子』には『師弟』の意義があると説かれている。仏という師匠と共に生き抜くならば、弟子すなわち衆生《しゅじょう》もまた、師匠と同じ偉大な境涯《きょうがい》になれるのを教えたのが法華経なんです」

一般的にも、師弟の関係は、高き精神性をもつ、人間だけがつくりえる特権といえる。芸術の世界にも、教育の世界にも、職人の技の世界にも、自《みずか》らを高めゆかんとするところには、必ず師弟の世界がある。

伸一は、青年たちに力説した。

「『人生の師』をもつことは、『生き方の規範《きはん》』をもつことであり、なかでも、師弟が共に、人類の幸福と平和の大理想に生き抜く姿《すがた》ほど、すばらしい世界はありません。

この師弟不二の共戦こそが、広宣流布を永遠ならしめる生命線です。そして、広布の流れを、末法万年を潤《うるお》す大河《たいが》にするかどうかは、すべて後継《こうけい》の弟子によって決まります。

戸田先生は、よく言われていた。『伸一がいれば、心配ない！』『君がいれば、安心だ！』と。私も今、師子の道を歩む皆《みな》さんがいれば、世界広布は盤石《ばんじゃく》である、安心であると、強く確信しています」

さらに、彼は、「各各《おのおの》師子王の心を取り出《いだ》して・いかに人をどすともをづる事なかれ」（御書一一九〇ページ）と仰《おお》せのように、師子王の心とは、「勇気」であると訴《うった》えた。

「勇気は、誰でも平等にもっています。勇気は、幸福という無尽蔵《むじんぞう》の宝《たから》の扉《とびら》を開くカギです。しかし、多くの人が、それを封印《ふういん》し、臆病《おくびょう》、弱気、迷いの波間を漂流《ひょうりゅう》している。どうか皆さんは、勇気を取り出し、胸中《きょうちゅう》の臆病を打ち破《やぶ》ってください。そこに人生を勝利する要因があります」

未来は青年のものだ。ゆえに、青年には、民衆を守り抜く師子王に育つ責任がある。

（小説『新・人間革命』第30巻〈下〉「誓願」の章、421～423ページ）

世界広布《せかいこうふ》の旭日《きょくじつ》――創価《そうか》の誉《ほま》れの大道《だいどう》

2021年3月16日　初版第1刷発行

編　者　創価学会青年部《そうかがっかいせいねんぶ》
発行者　大島光明
発行所　株式会社　第三文明社
東京都新宿区新宿1-23-5 〒160-0022
電話番号 03-5269-7144（営業代表）
03-5269-7145（注文専用）
03-5269-7154（編集代表）
振替口座 00150-3-117823
URL　https://www.daisanbunmei.co.jp
印刷・製本　中央精版印刷株式会社

ISBN 978-4-476-06248-9